U0836294

人文苏州

诗画苏州

吴企明 著

苏州大学出版社

《人文苏州》丛书编委会

序

范小青

苏州的文化，是一种浸润的文化；苏州的文化，是一种渗透的文化。苏州文化，浸透在大街小巷的每一块青砖、每一片瓦砾里，渗入在园林古宅的每一座亭台、每一处楼阁里；苏州文化，更是浸润在苏州人的血液里、骨子里。人文苏州，就是要从苏州人的故事中，让我们看到苏州的精神气是怎样地遍布和穿行于苏州的每一个缝隙每一脉经络的。

因为如此深入的渗透，苏州的文化，才会如此的经久不衰；因为如此执着的浸润，苏州的文化，才会如此的弥漫升腾。在从前的很漫长的日子里，我们曾经是身在其中的，那个古旧却依然滋润的文化苏州，就在我们的身边，就是我们的窗景，是我们挂在墙上的画，是我们伸手可触摸的，我们能够听到它们的呼吸，我们能够呼吸到它散发出来的气息，我们曾经十分的奢侈，十分的大大咧咧，我们的财富曾经太多太多，多到让我们忽视、轻视了它们的存在，在漫长的年岁中，它们似乎在渐渐地丢失，渐渐地疏离了。

其实没有。

它们始终就在这里。

今天，这套《人文苏州》，让我们再一次真切地听到了苏州文化的呼吸声，再一次亲切地感受到了苏州文化的精神气质。《人文苏州》的编者，对于苏州的人文特色，对于苏州的文化底蕴，可谓是如数家珍。于是，丛书带着我们，又一次穿越，又一次重温，使得苏州文化成为挂在我们每一个人心头的永不褪色的长幅画卷，它常温常新，常挂常新，常说常新。古老的苏州文化，就是这样，焕发出崭新的生命力。

看到这套丛书，念叨着各个分卷的书名，诗与画，河与桥，名人与故居，园林与老街……我们的心中，激起感动，泛起涟漪，似乎听闻到，在沉睡了的历史的碑刻上，飘散出了人物和故事的清香。这些书名，就像是我们熟悉的一个亲人，一个故友，一个挚爱，一看到它们，立刻让人有了阅读的冲动，有了触摸的激动。其实，对于生于斯长于斯的苏州人来说，其中的某些内容，也许早已经了解，甚至早已经了然于胸，但是，苏州的文化、人文苏州的丰富内涵，那是读它千遍百遍也不够的。

苏州是一个能够让人时时感动、永远感动的具有浓郁人文情怀人文精神人文内涵的地方，而苏州文化的内容丰富庞杂，它像是许许多多大大小小的珍珠。只是，面对这许许多多的宝贝，我们一方面可以如数家珍，另一方面，似乎又有点心中无数，这人文苏州的珍珠到底有多少，到底是什么样的情况，像是无数颗散落了一地的珍珠，到处可见，东一颗西一颗，面对这些散点，我们有些手足无措、甚至有点无从着落的感觉。现在，《人文苏州》丛书做了一件大好的事情，好像是替我们理了一理家当，全面地清理了一下，看一看家里到底有多少好东西，散落的珍珠，串起来了，集中起来了，一起呈现出来了，让我们在一套书中，一下子看个够，让我们能在相对集中的时间和空间里，走遍苏州的大街小巷和山山水水。

如果你是苏州人，阅读这部丛书，就像是重新走进你的童年，就像是重温美好的旧梦，因此会对苏州更加了解，更加热爱；如果你不是苏州人，阅读这部丛书，你如同走进了一个既已经逝去又是全新的异彩世界，你同样会因为了解苏州而爱上苏州。

目录

卷首语

苏州是一座历史文化名城，拥有无数历史文化名人，无数名胜古迹，文化积淀深厚。苏州又是一座具有江南神韵的美丽水城，寻常行处的景色风光，遍布城乡的人文景观，如诗如画。她的自然美、人文美、诗画美，和谐地交融在一起，令人陶醉。

“夫美不自美，因人而彰。”（柳宗元《邕州柳中丞作马退山茅亭记》）充满诗情画意的苏州，需要诗人和画家来体认、来彰显、来诠释她的美。于是，无数热爱苏州的诗人和画家，用诗歌语言、绘画语言来话说苏州，用诗人的思致、画家的眼睛来描述苏州。苏州和外地来苏的诗人，为我们留下了一首首秀逸隽永的苏州诗篇；苏州和外地来苏的画家，为我们留下了一幅幅精妙绝伦的苏州绘画。她们是苏州文化宝库里的瑰宝。

五年前，我在《苏州日报》的“老苏州”专版中，曾经开过“古诗中的苏州”、“古画中的苏州”的专栏，两周一次，写过一些短文。我环绕一个题目，以一诗、一画为中心，说说苏州的那些往事，映带苏州的名人、名事、名胜、名园、名诗、名画、名特产，以及著名的风土人情、节令习俗，让现代的苏州人、新苏州人和外地来苏求学、旅游、出差、经商的人，更多地了解苏州。今年，我应苏州大学出版社之约，将我以往的写作，继续下去，延伸拓展下去，写成一部书，因此，我便用《诗画苏州》作为书名。

我给本书的写作宗旨定下六个字：“审美”、“知识”、“趣味”。整个写作过程，自始至终贯彻了“审美性”，不仅要将藏于画幅、诗篇中的美揭示、呈现出来，还要将自己对苏州的审美体识、审美评判交叉地写入文章里。其次，要贯彻“知识性”，各篇要介绍相关知识，材料来源于苏州地方文献和历代文人的诗文别集，力求引证准确，论述精当，帮助大家获得丰富的苏州知识。再次，要贯彻"趣味性"，在揭示诗画家通过诗篇、画幅所表现出来的诗趣、画趣的同时，还要将自己的生活情趣、审美意趣贯穿进去，交融成本书的趣味性。全书共收文章八十四篇，大体上按水城风光、水乡风情、文人雅举、名胜古迹、名特产、节令风物六组编排。

苏州历史悠久，名人众多，文化积淀厚重，名诗、名画存量可观，因此，《诗画苏州》可写的题材实在太多了，限于本书的体例和篇幅，只能付诸阙如，容日后再行补出，望读者谅宥。

吴企明

二〇一四年二月十六日

历历如画　引人入胜

唐代没有飞机，诗人白居易要想从大处来表现苏州城，他只能登上阊门城头，骋目四望，飞驰艺术想象，超越时空的限制，突破绘画、摄影选取“一瞬间”的艺术特质，采用鸟瞰式、游移式的描写方法，写下《登阊门闲望》诗：

阊门四望郁苍苍，始觉州雄土俗强。
十万夫家供课税，五千子弟守封疆。
阖闾城碧铺秋草，乌鹊桥红带夕阳。
处处楼前飘管吹，家家门外泊舟航。
云埋虎寺山藏色，月耀娃宫水放光。
曾赏钱塘嫌茂苑，今来未敢苦夸张。

这首诗写于唐宝历元年(825)初秋白居易任苏州刺史后不久。白居易(772—846)，字乐天，号香山居士，下邽(今陕西渭南)人。贞元十六年(800)进士及第，曾任翰林学士、忠州刺史、中书舍人、杭州刺史、苏州刺史等。工诗，著有《白氏长庆集》。

诗篇写出诗人登上阊门城头于“望”中的所见所闻，全方位地描写唐代苏州的面貌，真切感人。首联破题，点出“阊门”、“望”，写尽题意，发端有笼罩全诗之气势。以下诗句，都是“州雄”的具体描写。次联紧承“州雄”，概写苏州的繁荣和富强，说苏州有十万户缴纳赋税，五千子弟兵守护着疆域。“十万夫家”，指当时苏州有十万户。李吉甫《元和郡县图志》卷二十五：“苏州，元和户十万八百八。”苏州素为雄州大郡，地沃物阜，民俗清嘉，文化积淀深厚，乐天诗句，一点也不夸张。在白居易之前做过苏州刺史的韦应物，也有一首《登重玄寺阁》：“时暇陟云构，晨霁澄景光。始见吴都大，十里郁苍苍。山川表明丽，湖海吞大荒。合沓臻水陆，骈阗会四方。”他从大处描写苏州的繁盛，与香山诗的诗思是一致的。

清代徐扬《姑苏繁华图》（局部）

“阖闾城碧”以下三联写景，“阖闾”两句总写，意谓整个苏州城铺满碧草，处处桥上红栏，映带着夕阳，分外艳丽。“阖闾城”，即苏州古城，周敬王六年（前514）也就是吴王阖闾元年，伍子胥奉命筑城，因以为名。“乌鹊桥”，在苏州乐桥东南，今尚存。范成大《吴郡志》云：“旧传古有乌鹊馆，桥因其馆得名。”诗中的“乌鹊桥”，因负盛名，故以个别代全体，代指苏州城里的许多红栏桥梁。“红栏三百九十桥”（白居易《三月三日闲行》），夕阳映在红栏桥上，这是多么美的景象呀！“处处”两句，写出苏州的文化氛围和水城特色。上句说到处画楼前飘送着管弦之声，类似的诗歌意象，在白居易的诗笔下频频出现：“舟移管弦动”（《吴中好风景二首》），“纵有笙歌不废吟”（《宿湖中》），“金管徐吹曲未终”（《泛太湖书事寄元稹》），苏人文化素养高，苏城确是一个礼乐之邦。下句说家家门外停泊着舟船。苏州环城皆水，家家户户临河傍水，“泊舟航”，确是实景。“云埋”两句，诗人选两处最有历史文化价值的景点，加以细致描绘。只见白云掩映着虎丘寺，虎丘山蕴藏着秀美的山色；明月照耀着馆娃宫，周边的湖泊放出耀眼的水光。“虎

寺”，虎丘寺的省称，即今云岩寺；“娃宫”，馆娃宫的省称。

尾联用衬托法，收结全诗。“上有天堂，下有苏杭”。白居易先前做杭州刺史时，曾夸奖、赞赏过杭城的景色，对苏州的美名产生过疑惑；现在来到苏州，观赏到如此优美的景象，疑惑已消，所以不敢再过分地夸大杭州之美。“嫌”，疑惑，一作“兼”，非是。“茂苑”，即长洲苑，借指苏州。用杭州来衬托苏州，起着凸显苏州的艺术功能。诗人以凝练、流丽的诗歌语言，尽情讴歌苏州，具有迷人的艺术魅力。爱新觉罗·弘历评白居易诗“写景历历如画，引人入胜”（《唐宋诗醇》）。本诗足以当之。

这是一首七言排律，比普通律诗多两联。除首、尾两联外，其余各联均需对仗。何焯评本诗第五联“‘虎’、‘娃’借对”（《白香山诗后集》卷七引）。“娃”，吴地称美女为娃，娃不能与虎相对，但可以谐音“蛙”，虎与蛙，动物相对。诗人用借音之法，构成巧妙的对偶。本诗平仄调和，对偶工整，押用下平声七阳韵，宽韵，韵字多，选用妥帖，形成全诗音声浏亮、韵律和谐的特点，富有音乐美。

白居易到苏州任刺史，刘禹锡《白舍人曹长寄新诗有游宴之盛因以戏酬》说：“苏州刺史例能诗，西掖今来替左司。”“西掖”，指白居易，唐代中书省在西，称为“西台”或“西掖”，乐天曾任中书舍人。“左司”，指韦应物，他曾任左司郎中。诗意说韦、白两位苏州刺史，都是“能诗”之人。后来，刘禹锡任苏州刺史，白居易有《送刘郎中赴苏州任》说：“何以姑苏诗太守，吟诗相继有三人。”苏州在四十年左右的时间里，有三位“长于诗”的诗人相继成为“姑苏诗太守”，他们在苏州留下许多德政，疏浚筑堤，发展生产，蠲免赋税，勤于政事，推尊文教，造福一方百姓，受到吴人的普遍敬仰。他们还留下许多名篇佳作，传诵人口，文采风流，传播于吴地，这真是苏州文坛的佳话，更是苏州人的幸事。

水城风光　江天诗景

苏州人大多知道杜荀鹤的《送人游吴》诗，击赏他“人家尽枕河”的佳句。平心而论，张籍的《送从弟戴玄往苏州》诗，写得更好：

杨柳阊门路，悠悠水岸斜。
乘舟向山寺，著屐到渔家。
夜月红柑树，秋风白藕花。
江天诗景好，回日莫令赊。

首联写阊门一带水岸边，杨柳临水飘拂，婀娜多姿。张籍在《寄苏州白二十二使君》诗中又写道“阊门柳色烟中远”。这也是苏州水城特有的景观，历代诗人描写这种景色的很多，如李绅说：“绿杨深浅巷”（《过吴门二十四韵》），王禹偁说：“桥映家家柳”（《忆旧游寄致仕了倩寺丞》），范成大说：“柳暗阊门逗晓开”（《半塘》），文徵明说：“岸柳霏烟，溪桃炫昼”（《满庭芳·游石湖追和徐天全》），白居易还专门写了一首《苏州柳》，说：“老来处处游行遍，不似苏州柳最多。”颔联写水城风光。苏州城里城外，水道纵横，人们游虎丘、楞伽寺等，多乘画舫，故云“乘舟向山寺”；到渔家去观光，多著木屐以防滑，故云“著屐到渔家”。写景宛入真境，所以方回评这一联诗“脍炙人口”（《瀛奎律髓评注》卷四），洵为知音。颈联咏苏州两物。一咏“柑”，《吴郡志》载：“真柑，出洞庭东、西山。”夜月凌空，光照柑树林，红绿相间；一咏“莲”，清风徐来，白色荷花在绿水中迎风摇曳，咏物而点缀“月”和“风”，饶有风神。尾联运宕笔，放开往宽处写，苏州江天杳阔，景物清嘉，物物供诗料，处处是诗境，诗人劝告戴玄，你不要陶醉于彼而推迟归回的日期。诗的结穴处还是赞美苏州，回应上文，委婉含蓄，思清神远。

张籍，字文昌，曾官水部员外郎，人称“张水部”，是唐代的著名诗人，与韩愈、白居易、刘禹锡等人交往甚密，韩愈更是把他看成是“韩孟诗派”盟主的继承人。他的律诗体清韵远，潘德舆甚至说他“五律清妙处，不亚王、孟”（《养一斋诗话》卷三），真是推崇备至。他的诗艺比杜荀鹤高，他的诗名也比杜荀鹤大。其次，张籍是苏州人，胥门附近还有他的故居，《赠陆畅》诗云：“胥门旧宅今谁往？”可证。韩愈《张中丞传后叙》：“愈与吴郡张籍阅家中旧书。”王安石《题张司业》诗，也称张籍为“苏州司业”，后来，他移居和州。苏州在他幼小的心灵中留下了不可磨灭的印象，当他送从弟往苏州时，勾起了美好回忆，因而写诗备感亲切，诗思从胸臆流出，脱落尘想，清丽雅健。而杜荀鹤毕竟是外地人，他对苏州的了解比张籍浅，同样描写苏州，张籍的诗格自然要比他高。再次，杜诗中间两联“古宫闲地少，水巷小桥多。夜市卖菱藕，春船载绮罗”均为写实，缺少变换。而张籍诗的中间两联，颔联实写，颈联虚写；颔联朴，用白描法，无色泽，颈联绮，绿叶红柑，用对比色，绿水白花，用调和色，色彩清丽。上、下两联，变化调剂，绝无板滞之弊，纪昀评“深得疏密相参之妙”（《瀛奎律髓评注》卷四引）。据此三端，笔者认为张籍这首描写苏州的五言律诗，要比杜荀鹤《送人游吴》写得好，特此推荐。

水城风光

水巷小舫　影柳棹月

时下，当人们驾着汽车奔驰在六通道的马路上时，有谁能想象得出，古代苏州人除了乘坐车马、轿子外，还会有什么交通工具？

白居易诗集中有一首《小舫》诗，可能大家没有读过，或许读过而被忽略掉了，诗云：

小舫一艘新造了，轻装梁柱庳安蓬。
深坊静岸游应遍，浅水低桥去尽通。
黄柳影笼随棹月，白蘋香起打头风。
慢牵欲傍樱桃泊，借问谁家花最红。

这首诗写于唐宝历二年(826)，当时白居易正任苏州刺史，诗中描写的“小舫”，当然是真实的，乘小舫游水巷，是古代苏州水城风光的独特景观。诗用律体写成，首联交代小舫之形制，船上简单安上梁柱，撑起低矮的布蓬。“庳”，低矮。颔联描写小舫的功能，因为它体形小巧，所以可以游遍苏州城内的“深坊静岸”。坊，即坊里，苏州旧时有六十坊，见白居易《九日宴集醉题郡楼兼呈周殷二判官》：“七堰八门六十坊。”苏州旧时有“三百余巷”，见同治江苏书局刊本《吴地记》。水浅的、桥低的小河浜，小舫也完全可以通得过。颈联两句写景，描写小舫行进时的光景，金黄色的柳影笼罩在小河浜上，船棹拨起水中的月光，逆风吹来白蘋花的香味。诗人将视觉、听觉、嗅觉等多种感觉器官的审美感受打成一片，写入诗句中，创造出极美的诗歌意境。“打头风”中的“打”字，旧读如“顶”，与俗语“顶头风”相合。尾联写小船上的人看到岸边樱桃花特别红，想要停泊在那里赏花，不知这里是谁家的樱桃园？全诗以诘问句收结，余音袅袅，风神悠然。

乐天意犹未了，此诗写成后过了不久，他又写了一首《重题小舫赠

周从弟兼戏微之》,“微之”,即元稹。其中有四句诗,专写小舫的体制:“阔狭才容从事座,高低恰称使君身。舞筵须拣腰轻女,仙棹难胜骨重人。”小舫很狭,只能容得下周姓从事的座位,高度恰恰与太守的身躯相称。小舫的载重量很低,只能拣腰轻的舞女,难胜体格很重的男子。诗太守的这些诗句,是生活真实与艺术真实结合的产物,非常可信,也非常亲切。

乐天诗描写的这种“小舫”,与太湖、运河上行驶的画舫大不同,它体积小,舫身轻,行动灵活,恰恰适合在苏州城内的水巷中行驶。苏州城内多水巷,纵横贯通,四通八达,与陆上的小巷相辅,诚如白居易《九日宴集醉题郡楼兼呈周殷二判官》所说:“水道脉分棹鳞次,里闾棋布城册方。”城内鳞次栉比的水巷(即水道),与陆上的小巷、大街并行,它们不仅便于出行、运物、排泄积水,还成为美丽而独特的水城风景线。白居易《登阊门闲望》:“处处楼前飘管弦,家家门外泊舟航。”这里的“家家”,即指城内水巷边的人家,他们的门外都停着舟船。李绅的《过吴门二十四韵》有“绿杨深浅巷,青翰往来舟”句,描写了来往行驶青翰舟的水巷,或深或浅的水巷两边种满了绿杨。李绅诗又云:“竹扉梅圃静,水巷桔园幽。”杜荀鹤《送人游吴》:“古宫闲地少,水巷小桥多。”(此诗有的本子作“水港”,港,是江湾和海湾,水面较阔,无法架设小桥,故当取“水巷”一义。)唐人诗为我们提供了苏州多水巷的实证。

水巷小舫除游赏功能外,还有其实用价值。古代苏州人要出门访友、办事,就踏上停泊在埠边的小舫,穿过一条条水巷,直达目的地。居民要购买生活必需品,自然有来往于水巷中的小舫送来。杜荀鹤在《送人游吴》“水巷小桥多”句下,接下来的一联诗云:“夜市买菱藕,春船载绮罗。”城里夜市上的菱藕,便是由小船送来的,春船又送来绸缎。也有些小船沿水巷叫卖各种蔬果,居民就在岸边埠上和临河的窗棂下进行交易,十分方便。笔者儿时来苏州亲戚家小住,还亲眼目睹过这种载物的小艇在水巷中游弋,兜售物品。

水巷小舫,影柳棹月,往事悠悠,只存追忆,徒然令人向往而已!

泰伯让王　至德高义

吴人为纪念自己的始祖，立泰伯庙以祀之。王謇《宋平江城坊考》卷二据朱长文《吴郡图经续记》、范成大《吴郡志》，考定泰伯庙建于东汉，郡守糜豹始创之。庙初建于阊门外，五代时，吴越钱氏为避兵乱，始迁于阊门内现在的地址。北宋时，又号“至德庙”。宋曾几《乾道重修记》亦有明确的记载。关于泰伯庙，唐代诗人皮日休、陆龟蒙的吟唱，是比较早的，也是很重要的两首诗，值得一读。

皮日休《泰伯庙》：

一庙争祠两让君，几千年后转清芬。
当时尽解称高义，谁敢教他莽卓闻。

陆龟蒙《和袭美泰伯庙》：

故国城荒德未荒，年年椒奠湿中堂。
迩来父子争天下，不信人间有让王。

皮日休（生卒年不详），字袭美，襄阳竟陵（今湖北天门）人。唐咸通八年（867）进士及第，被苏州刺史崔璞辟为从事，与里人陆龟蒙结为诗友，唱酬颇多，陆为之编《松陵集》。入京后为著作郎，迁太常博士，出为毗陵副使。后入黄巢起义军，任翰林学士。工诗文，与陆龟蒙齐名，世称“皮陆”。著有《皮子文薮》。

先看皮诗。首句揭出一个重要问题，唐代的泰伯庙并祠两位前贤。周朝太公（即周文王之祖父）古公亶父，生三子：长泰伯，次仲雍，第三季历。季历就是周文王昌的父亲，昌诞生时，有兴王业的兆瑞，泰伯和仲雍知道“古公欲立季历以传昌”（《史纪·周本纪》）的心意，便南奔吴地，将王位让与季历，这就是后人称道的“让君”、“让王”的来历。泰伯与仲雍的德行相侔，所以吴人将他们放在一庙中并祠。

"争",不是争夺意,是争先恐后的意思。次句颂泰伯、仲雍之馨德,几千年后清芬转相传布,后代的吴人无不称颂他们的高风亮节。第三句用逆挽之笔,追忆周朝时人都能理解他们的心志,懂得他们的高尚义举,《论语·泰伯》:"泰伯,甚可谓至德也已,三以天下让。"诗的结尾,用反诘句结穴,说有谁敢使他们有董卓、王莽的名声呢?言外之意,谁也不敢使他们有董卓、王莽不义的名声。"教",使也,令也。张相《诗词曲语辞汇释》卷一:"教,犹使也。教字使义,最为习见,不备举。""莽卓闻"三字,各种典籍多有异文,今从洪迈《万首唐人绝句》、《全唐诗》。

再看陆诗。陆龟蒙(生卒年不详),字鲁望,号江湖散人、天随子、甫里先生,吴郡(今江苏苏州)人。举进士不第,遂隐居淞江甫里。皮日休在苏时,龟蒙与之游,多唱和。论文与皮日休齐名,世称"皮陆"。著有《甫里先生集》。首句以议论发其端,故国的旧城已经荒废,但是泰伯的至德永远不会荒废。"故国",当然指吴国,"城",并不是苏州城,因为唐代苏州城并未荒废,此乃是泰伯所建的古老的吴城。赵晔《吴越春秋》说:"泰伯起城,周三里二百步,外郭三百余里,在西北隅,名曰故吴。"杜佑《通典》、吴熙《泰伯梅里志》都记载无锡县东南三十里有泰伯城,在今无锡梅李乡。此古城早已荒废,故唐人陆龟蒙发此议论。次句紧承,正是"德未荒"的具体化,直到现在,年年都有人在泰伯庙用椒酒祭奠,酒洒中堂,以祠泰伯。"椒奠",置香椒于酒中,其香馨烈,以之祭奠。第三句,笔头一转,转出别意,议论父子争夺皇位的现实社会,语带针砭。"迩来",即近来。陆龟蒙身处晚唐,他所说的"迩来",正是指唐朝的初、盛、中期。翻开唐代历史,为了争夺皇位,父与子、兄与弟,争斗不已,互相杀戮,如唐太宗时代的玄武门之变、武则天时代的徐敬业扬州起兵、顺宗时代的永贞之变,等等。受七字句的限制,诗中的"父子争天下",乃是概括之言,实际上包括兄弟、宗亲争天下的

泰伯墓

史实。尾句回应上文，说那些争夺天下的人，是不会相信历史上真有“让王”之事的。“让王”，《庄子》中有《让王》篇，讲述尧、舜让天下事，本诗则专指泰伯让王于季历。全诗歌颂泰伯“让王”的美德，受到吴人长久的崇敬，并由此生发感叹，嘲讽那些争权夺利的人。《千首唐人绝句》富寿荪评本诗：“后世封建王朝，父子相争，骨肉相残，代有其人，史不绝书，故诗人慨乎言之！”说得真好。

泰伯“让王”，给人们以极深的启示：大家怀至德，抱高义，行谦让之风，不因利忘义，不为利争斗，人们便和谐相处。谦让之风兴，社会和谐美就能实现，这便是我的读诗随想。

吴地每年都要在泰伯庙举行祭祀活动，庙宇破旧时，地方长官便加以修葺、重建。五代时的钱镠、乾道时的沈度，都是很突出的例子。相信重修的泰伯庙，可以让苏州人永远缅怀自己的始祖，强化尊重历史文脉根底的意识，弘扬开拓精神、引导仁让民风，促进传统文化与现代文明的融合。

怀桔知孝　载石表廉

苏州“五百名贤祠”中有陆绩的画像，图赞为：“郁林太守，吴邦所瞻。怀桔知孝，载石表廉。”颂赞三国时代吴人陆绩的品德。

陆绩像

陆绩，字公纪，三国时吴国吴县（今苏州）人。博学多识，通晓天文、历算，曾作《浑天图》，注《易经》，撰写《太玄经注》等。建安五年（200），孙权任陆绩为奏曹掾。十三年（208），任为偏将军，领兵两千，出征岭南，镇守郁林郡。《三国志·吴志·陆绩传》：“出为郁林太守，加偏将军，给兵两千人。”“虽有军事，著述不废，作《浑天图》，注《易》释《玄》，皆传于世。”本传里并无廉石的记载。《新唐书·陆龟蒙传》载其事云：“陆氏远祖在姑苏，其门有巨石。远祖绩尝事吴为郁林太守，罢归无装，舟轻不可越海，取石为重，人称其廉，号称郁林石。”北宋朱长文《吴郡图经续记》卷下亦记其事：“陆氏郁林石。初，陆绩事吴为郁林太守，罢归无装，舟轻不可越海，取巨石为重。至姑苏，置其门，号为郁林石，世保其居。唐史书之。”范成大《吴郡志》卷二十：“吴陆绩，字公纪，汉末庐江太守康之子，容貌雄壮，博学多识，该览历数。吴孙权辟为曹掾，以直道见惮。出为郁林太守，罢归无装，舟轻不可越海，载石为重。姑苏陆氏之门，有巨石，号郁林石，世保其居。”

清代姚承绪写过一篇古风，专门歌颂“廉石”。《吴趋访古录》卷三“郁林石”条云：“在府学，吴郁林太守陆绩罢归，官廉无装，舟轻不能道海，取以为重，世称廉石。”下载长歌云：

客子静勿喧，听我歌廉石。
此石有缘起，乃是压舟物。
其高可数尺，顽重少奇崛。
方之几案供，彼文此何质。
方之袖中藏，被灵此何拙。
不资玩好求，不著烟云迹。
块然偃路傍，弃掷复奚惜。
岂知航海时，镇此免复溺。
薏苡漫生疑，明珠意不屑。
区区郁林装，清风良可挹。
千秋太守心，澄如玉壶澈。
以此励廉隅，以此重品节。
至今郡学中，士夫留表率。

姚承绪，字缵宗，一字八愚，生于清嘉庆年间，嘉定人。博学能诗，累试不第。曾遍访吴地胜迹，题咏山川之秀美、人物之风流，于道光十八年(1838)编集在苏题咏诗篇，得五百四十首，命之曰《吴趋访古录》。

这首长诗，用通俗的形式发其端，具有“导引”的意义，套用陆机《吴趋行》的开端四句：“楚妃且勿叹，齐娥且莫讴。四座并清听，听我歌吴趋。”接下来十二句，是第二层，诗意反复述说廉石不过是一块“压舟物”的普通石头，既“顽重”又不奇崛；既质朴又古拙；既非“玩好”之物，又无“烟云迹”。此石弃掷路旁，又有何可惜！“岂知航海时”以下八句，为第三层，用“岂知”一转笔，写出此石的价值，航海时，有了此石镇住，舟船免受颠覆的灾祸。“薏苡”二句，用了一则典故，《后汉书·马援传》记载，马援在交趾，装载薏苡，带回来做种子。他卒后，有人谮告他北归时装载着大量的明珠。因此后代便指涉嫌而被诬者谓“薏苡之嫌”。姚承绪的诗意是说，陆绩载顽石归里，是薏苡不要生疑，他根本不屑看一眼明珠。“区区郁林装”以下四句，为第四层，赞颂陆绩为官清廉，归田时，行装又少又轻，可以酌取清风；太守如玉壶冰一样的心迹，可以千秋明鉴。最后四句，就“廉石”发表感叹。以廉石砥砺廉风，推重品节，廉石至今在郡学（今苏州文庙内）中，士大夫们以此为表率，倡导清正廉洁的风尚。

陆绩生平还有一件事值得称道，那便是“怀桔”的故事。故事记载在《三国志·吴志·陆绩传》中，云：“绩年六岁，于九江见袁术。术出桔，绩怀三枚。去，拜辞，堕地，术谓曰：‘陆郎作宾客而怀桔乎？’绩跪答曰：‘欲归遗母。’术大奇之。”从此，陆绩“怀桔”的故事，便传为佳话，《图赞》称之为“怀桔知孝”。元代郭居敬还将他的故事编入《二十四孝》中，作为伦理道德的典范。

《二十四孝图》之“怀桔遗亲”

《玉篇》解字　力辟道扃

顾野王（519—581），字希冯，是南朝梁、陈时代苏州的一位“鸿儒”，苏州光福人。他学识渊博，著述富赡，是著名的历史学家、语言学家和文学家。历代名人都很敬仰他、缅怀他，王安石称他“不朽在名德，千秋想其余”（《顾亭林》，按，亭林，上海亭林镇，顾野王隐于此）。宋代诗人刘嘉谟称他“博洽倾当世，江东孔子儒”（《顾公祠》）。苏州沧浪亭内有“五百名贤像”，他列为第十七位，载存他的图像和赞语。清代诗人张大受《顾野王庙》诗，倾情歌颂了顾野王的文化业绩：

文章余劫灰，载拜侍郎宅。
千年妥神灵，江风穿坏壁。
当时著《玉篇》，朱墨勘图籍。
木落鬼夜啼，清溪秋瑟瑟。
桥横浮玉长，门掩苍苔碧。
停楫重徘徊，梦寐托今夕。

顾野王像

张大受（生卒年不详），字日容，江苏长洲（今苏州）人。康熙四十八年（1709）进士，改翰林院庶吉士，曾视学贵州，教诸生读书之法。少从学于朱彝尊，通经史百家，世居苏州匠门（今城东相门），登门请益的学人很多。善诗文，风格超逸隽永，尤工骈体文，著有《匠门书屋集》。

诗的前四句，写出诗人在顾野王庙里瞻仰时的感受。顾野王的著作，在战乱中遗失很多，但还有不少余存下来，诗人再次拜谒顾公的旧宅，千年来旧宅由神灵安然保护，规模犹存，现在江风穿过坏壁吹来，令人悲伤。“载”，通再。“侍郎宅”，指顾野王宅，因他最终任黄门侍郎，顾野王庙即就其旧居重建。

“当时著《玉篇》”以下六句，为第二层次，追想当年顾野王在浮玉桥边旧居里撰著《玉篇》的情景。《玉篇》是顾野王最重要的语言学著作，三十卷，全书共收字一万六千九百十七个，每字先注反切，然后辨析字义，释字以音义为主，辅以经传书证，后附“野王按”，断以己意。这部书是我国第一部完整的楷书字典，与汉代许慎的《说文解字》并重。黎世昌《书原本〈玉篇〉后》论曰：“《说文》讨篆籀之原，《玉篇》疏隶变之流。”《玉篇》的字数，比《说文》多所增益，顺应了南北朝时期文字剧增的发展趋势和社会需要。自汉代到南北朝四百余年，社会不断进化，事物日益繁多，与外来文化（商贸、宗教）交流频仍，文字日益增多，字体变异纷繁，因此极有必要有人对语言文字作统一的整理和研究。顾野王《玉篇》的出现，正是这种历史、文化发展中的产物。《吴郡名贤图传赞》卷一说“《玉篇》解字，力辟道

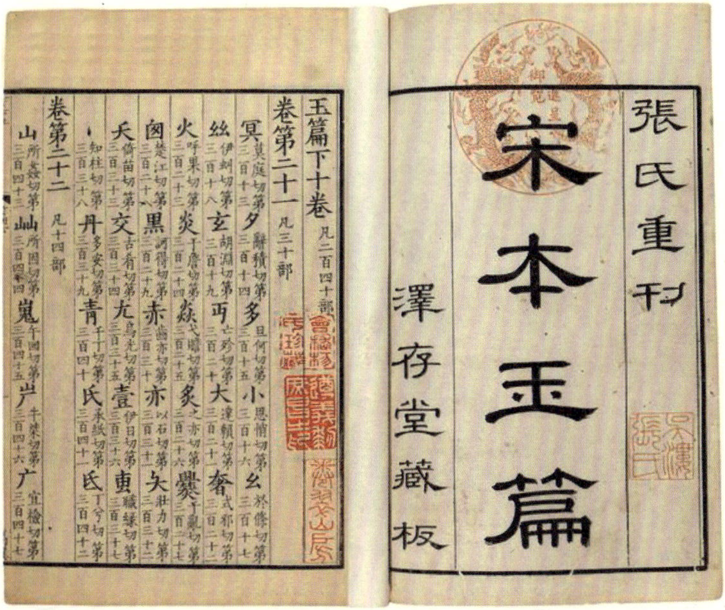

《玉篇》书影

扃”，称赞顾野王开辟了语言学研究的新方向，充分肯定了《玉篇》在语言学方面的杰出成就和历史贡献。“朱墨勘图籍”句，称赞他勤用朱墨两色笔校勘图书典籍。“木落鬼夜啼”两句，形容他著书时的周边环境。“木落”，因风吹雨打而落叶；“鬼夜啼”，指顾公写作神奇而惊动鬼神，化用杜甫“笔落惊风雨，诗成泣鬼神”（《寄李十二白二十韵》）的诗意。“桥横浮玉长”两句，点明他著书的地点。“浮玉”，桥名，全称为浮玉洲桥，在今吴江顾公庙（顾野王纪念馆）东南不远处。“门”，指旧居之门，因专心著书，家门长掩，很少来客，所以门口长出苍苔。

最后两句收结，写出自己今日寻访、拜谒顾野王庙的感受。“停楫”，说明诗人坐船来；“重徘徊”，缅怀前贤，在庙前不停地徘徊，心情沉重，希望今夜能在梦中见到这位前贤，以慰藉仰慕之情。全诗采用古诗体，用仄声韵，一韵到底，适宜于表现低抑的情韵和沉重的心境。

张大受的诗，重点写顾野王在语言学方面的贡献，以点带面，其实，顾野王的学术成就很高，他历任史官，除了《玉篇》等语言学著作外，还对史学深有研究。他曾撰写过《通史要略》一百卷，《国史纪传》二百卷，遗憾的是他尚未完成便撒手人寰。他还撰写《陈书》三卷，《顾氏谱传》十卷，已佚。《舆地志》全书虽已不存，但还有很多佚文遗留在各种典籍里，可供辑录。他的史学研究，遍及于通史学、史

顾野王墓

传学、谱牒学、历史地理学，能寄寓褒贬于纪传之内，观察世变于史论之中，确是一位杰出的史学家。顾野王兼擅诗文、书画，充分显示出其多才多艺的特点和优异的创作成就。张大受《顾野王庙》诗，并没有面面俱到地罗列顾公的业绩，却抓住顾野王撰著《玉篇》的事迹，加以歌颂，凸显他在我国学术文化史上的贡献。

顾野王死后，葬在吴县（今苏州吴中区）楞伽山南，也就是现在的苏州石湖湾前下周村。明人周南老《顾野王墓》："迢迢越溪水，映带楞伽山。"墓前有清嘉庆八年（1803）钱大昕所书"陈黄门侍郎顾公之墓"，吴人特别是顾氏后裔常去墓前凭吊，以追怀这位卓越有盛名的苏州历史文化名人。

诗书传家　清芬奕叶

苏州素为文化鼎盛之乡，崇文融和之邦，有许多家学渊源绵长、诗书传家奕叶的世家望族，如唯亭顾家、苏州尤家、昆山徐家、长洲彭家、吴县贵潘家（与富潘家有区别），而吴江汾湖的叶家，可以说是一个很有代表性的文学世家。叶绍袁与妻子沈宜修，并工吟咏，他们生八子五女，《苏州府志·文苑传》说叶绍袁"五子三女，并有文藻，一门之中，更相唱和以自娱"。五子三女，指叶绍袁夫妇子女中较为著名者而言，其中，尤以三个女儿叶纨纨、叶小纨、叶小鸾的诗名，更为出众。吴江诗人、南社创始人陈去病写于1899年的《松陵诗派行》中，专门有十句，写到叶绍袁一家：

午梦堂前日欲斜，疏香阁里靥如花。
分湖过去池亭路，中有诗人萃一家。
仲韶首唱宛君和，三姝媚矣何风华。
琼章秀慧有仙骨，令娴才调尤堪夸。
剧怜优昙仅一现，兰摧玉折纷流霞。

叶绍袁（1589—1648），字仲韶，号天寥道人，吴江汾湖人。明天启五年（1625）进士及第，授武学教授，迁国子助教，因看不惯官场习俗，乞归终养。家有午梦堂。明亡后，削发为僧，住余杭径山寺，释名木拂。后隐于吴中西山。著述很多，有《参同契注》、《金刚经注》、《楞严集解》、《甲行日记》。工诗文，有《诗文总集》二十卷，编《午梦堂集》，极负盛名，流布遍海内。

陈去病诗中提到的宛君，就是叶绍袁的妻子沈宜修，出自吴江望族沈家，沈珫之女，通经史，长于诗，雅擅词藻，诗风清丽绮缛，有《鹂吹集》、《伊人思》。嫁叶家后，与绍袁相唱和，融入叶氏文学世家中，人

叶小鸾画作

称“清才淑德，午梦一堂，首标馨逸”。“三姝”，指叶氏夫妇擅长诗词的三个女儿。“琼章”，即三女叶小鸾之字，她富有才华，文雅美好，才调出众，闺阁名“疏香阁”，有《返生香》、《疏香阁词》，是叶家、沈家诸多才女中之佼佼者，尤可夸耀。长女叶纨纨，字昭齐，工诗，尤长于绝句和词，有《愁言集》、《芳雪轩词》。次女叶小纨，字蕙绸，工词曲，有《存余章》、《鸳鸯梦》。诗家萃于一门，诗书传家，彼唱此和，清芬奕叶，得性情之正，乐琴瑟之调，确是吴门诗坛中一段佳话。叶绍袁在《甲行日注》里曾描述他“门内人人集，闺中个个诗”，所以他编集《午梦堂集》，汇合他自己和妻子、子女之诗文集十二种，是一部典型的家集，展示了叶氏文学世家的创作成果。可惜，三女都早殇，小鸾先殁，纨纨、小纨继之，这真是“兰摧玉折”。陈去病诗中提到的“优昙”，即优昙钵花的简称，此花开放时间很短，俗称“昙花一现”。

叶绍袁诸子，世佺、世偁、世傛、世侗、世儋、世倕（尚有一子世儴，五岁时夭亡），受家庭环境的熏染，都长于诗文，惜乎大都早逝，只有六子世倌，字星期，号己畦，较为长寿，后改名叶燮（1627—1703），康熙九年（1670）进士及第，授宝应知县，以伉直忤江苏巡抚，被劾归。叶燮晚年居横山，开门讲学授徒，人称横山先生，著《原诗》，是我国诗史上一部很著名的诗学理论著作。叶门弟子中，最著名的便是苏州沈德潜、吴县薛雪，都是有清一代颇负盛名的诗人和诗论家。

叶家文学相承，盛况空前，袁景辂在《国朝松陵诗征》中曾加以评论，说：“汾湖叶氏，自虞部（即绍袁）与配宛君以诗名家，一传而至云期、星期（即叶燮），再传而止元礼、学山，门才之盛，几为一邑冠。”像叶家这样充满人文精神和诗词情韵的世家望族，在苏州还有许多，不胜枚举，他们奠定了苏州历史文化名城的基石，是苏州崇文融和精神的象征。

抗击阉党 义风千古

苏州山塘街青山桥畔，有“五人之墓”，葬明代义士颜佩韦、杨念如、马杰、沈扬、周文元等五人。明天启六年(1626)四月，魏忠贤派锦衣卫缇骑到苏，矫诏逮捕周顺昌，激起公愤，苏州民众颜佩韦等人愤憾不平，奋击缇骑，巡抚毛一鹭下令逮捕五人，斩之。吴人将他们合葬于虎丘山塘，立石碑，书“五人之墓”四字。诗人李福作《五人墓歌》，记述了当时的情景：“嗟尔五人市儿舆隶尔，何所知尔独好义。自昔缇骑来，匈匈逮吏部，万人呜冤五人怒。五人奋臂呼，万人并力赴，击死缇骑走一鹭。人生快意亦自足，延颈怡然就显戮。今日英魂同聚处，曩时普惠生祠屋。虎丘塘，七里长，花市丛中三尺土，五人名姓千秋香。”(载《桐桥倚棹录》卷五)张溥撰《五人墓碑记》，详述其事，称颂义士的高风亮节，五人抗击阉党、伸张正义，义风传千古。许多著名诗人为之留下赞诗，袁枚、赵翼、桑调元、蒋士铨、舒位等人都有《五人墓》诗。记载苏州地方风土人情的书籍，如徐崧、张大纯纂辑的《百城烟水》、姚承绪的《吴趋访古录》、顾禄的《桐桥倚棹录》、顾震涛的《吴门表隐》，都记载着这个苏州历史上的重大事件。《百城烟水》卷一是这样记载的：“五人之墓，为颜佩韦、马杰、杨念如、沈扬、周文元。天启六年四月，魏珰忠贤矫诏逮周公顺昌，缇骑暴横，吴民愤憾不平，万众拥入，

锦衣卫

乘开读诏书，奋臂狂呼，斃一缇卒，余卒升屋走，或匿斗拱间，而缇骑逮黄公尊素者道胥江，榜笞驿官，众怒，复焚其舟。当事捕佩韦等五人，斩之。吴人为旅葬虎丘山塘，大书墓碑，曰：'五人之墓'。"张溥所撰《五人墓碑记》，新中国成立后一直被选为中学语文教材，五子的侠骨义风，长期以来一直激励、教育着千千万万华夏子孙。

在众多歌颂五人义风的诗篇中，姚燮的《五人墓傍见杜鹃花》，可以说是匠心独运，别树一帜。姚燮（1805—1864），字梅伯，号复庄、大梅山民，镇海（今浙江宁波）人。道光十四年（1834）举人，善诗词，负盛名，又擅绘画，工墨梅、写意花卉。著有《大梅山馆集》。诗云：

春色尽零落，杜鹃花自娇。低枝皆向日，力弱易风摇。
碧血为谁化？丹心殊未消。我来瞻贵墓，即此想风标。

姚诗既未叙事，亦绝少议论，却从墓旁盛开的杜鹃花引发遐想，并以此花发端，首联总写杜鹃花开放在春末，神韵方遒，傲然自娇。颔、颈联才从外形、内质二个方面具体描写杜鹃花的特征。颔联二句说，杜鹃花低矮，却一齐向日开放；杜鹃花枝力弱，容易被风摇动。颈联二句说，红色的杜鹃花，像是苌弘的碧血化成，表明它的忠义之心。这四句诗，表面上是描写杜鹃花的枝叶、花朵，它们的形貌和色泽，而内在意蕴却极为丰富。诗人借助杜鹃花的艺术表象，形容颜佩韦等五位义士的襟怀和气概，他们虽然是地位低下的民众，但是志向宏大；他们虽然被杀害，但是他们的血化为碧，赤诚的丹心永不消除。"碧血"一词，化用《庄子·外物》"苌弘死于蜀，藏其血，三年化而成碧"的典故。"碧血"二句，还概括了郑元祐《张御史死节歌》"孤忠既是照丹心，三年犹须化碧血"的诗意。尾联点题，说"我"来瞻仰五人墓，从墓旁的杜鹃花想到五人的"风标"，联想到他们英勇的标格、英雄的风范，令"我"永远念想和缅怀他们。姚诗用形象说话，寄情抒怀，含蓄蕴藉，耐人寻味。

像颜佩韦这样气贯长虹的抗击阉党的义士，在明代的苏州还有很多。杨循吉《吴中故语》详细记载明宣宗宣德年间"况钟抑中官"的故事，明宪宗成化年间有"三学骂王敬（王敬为太监）"的故事，都发生在明天启年以前。可见，吾吴自古以来，就是"风俗澄清"（范成大《吴郡志》语）之邦，推尊匡正克邪的社会风气，吴人对阉党的倒行逆施，深恶痛绝，所以才会出现万人激愤、义士争先的举动，正气凛然，义薄云天。

白莲花开　颂美革命

吴江同里镇有一处旅游景点，称“罗星洲”。洲上建筑，早已颓圮，重建于康熙年间，抗日战争时，又被日寇烧毁。1996年春天开始，由当地政府重建罗星洲，筑观音寺、文昌阁、听雨轩等，亭台楼阁，花木园池，重现于九里湖碧波蓝天之中，景色幽静优美。

近代著名诗人、南社创始人之一的柳亚子，曾在罗星洲写过一首题壁诗，壁已毁于日寇战火中，幸而《磨剑室诗集》中保存了这首诗。《罗星洲题壁》：

八月十日，党人招饮桐花里之罗星洲，见菡萏一枝，颇涉遐想，盖有感于百年前民族革命家白莲军女首领之故事也。适金士铜、朱秋岑诸同志索诗题壁，因口占一绝贻之。

一蒲团地现楼台，秋水蒹葭足溯洄。
猛忆船山诗句好，白莲都为美人开。

柳亚子（1887—1958），初名慰高，号安如，后更名弃疾，又改字亚庐、亚子，吴江黎里人。十八岁时，入金松岑主办之同里自治学社，二十岁，加入同盟会，二十三岁时，与陈去病、高天梅共创反清文学团体南社。1924年，加入国民党，翌年，当选为国民党江苏省党部执行委员会常务委员，兼宣传部长，坚决拥护孙中山联俄、联共、扶助工农三大政策，和共产党人紧密合作，为坚定的国民党左

柳亚子（右坐者）

派。抗日时期，先居香港，后迁重庆。1948 年，中国国民党革命委员会在香港成立，柳亚子任秘书长。新中国成立后，他积极参加建国大业，当选为中央人民政府委员。他的一生，历经旧民主主义、新民主主义、社会主义三个历史阶段，他追求真理，坚持革命，不断前进，何香凝对他作出过极高的评价："亚子先生自早年参加同盟会活动以来，一直坚定地站在革命立场，他一生坚贞不屈，爱憎分明，对帝国主义和国民党反动派从来没有屈服过。"（见 1959 年 6 月 21 日《人民日报》）

《罗星洲题壁》写于 1925 年。桐花里，即同里，吴江人往往喜欢将地名加以美称，如黎里，称梨花里。"菡萏"，荷花的别称。"百年前民族革命家白莲军女首领"，指王赛昭。柳亚子《辑白莲军女首领王赛昭史料竟媵以二律》诗自注："赛昭小名赛昭君，其夫齐林先，以谋反清复明被杀害，赛昭入青莲庵为尼，未削发。数年后，起义于湖北襄阳之黄龙塔。清酋募刺客夜入赛昭帐中，断其一足，兵遂败，赛昭义不受辱，投崖自杀，其地在湖北郧阳之卸花坡。"诗人因眼前的一枝白莲花，遐想起白莲军女首领王赛昭，写成本诗。首二句就题写，写罗星洲，说罗星洲地方很小，如"一蒲团地"，楼台参差，出现在九里湖的水面上，景色很美。在秋水上穿过芦苇，可以找到它。诗句暗用《诗经·秦风·蒹葭》："蒹葭苍苍，白露为霜。所谓伊人，在水一方。溯洄从之，道阻且长。溯游从之，宛在水中央。"诗人将九里湖水中央的罗星洲，比作"伊人"。

诗的后半首，写得尤为委婉。"船山"，即清代乾嘉时代著名诗人张问陶，"白莲都为美人开"，是张问陶《戊午二月九日出栈宿宝鸡县题壁十八首》中的成句，柳亚子借用船山的诗句，既抒发了他对历史上民族革命家的崇敬，也表达自己投身革命、不惧艰险的决心，愿与金士铜、朱秋岑诸同志共勉。亚子诗透过歌颂、缅怀王赛昭，婉曲地抒写自己的豪情壮志，自然要比直白地表达献身革命的言辞，更有韵味。日后，他多次罹难，如 1926 年，避开军阀孙传芳的通缉；1927 年 5 月，国民党清党期间，军警到黎里入室搜捕，他藏匿楼上复壁得免。足以证明，他早有"为国捐躯"的决心，也正是这种信念，支持他一次又一次战胜危难，坚持革命，迎接胜利。

罗星洲

吴歌清唱　水乡情浓

近日，偶然翻阅沈德潜的《清诗别裁集》，检得汪洋度《吴江舟夜》诗，觉得很有韵味，挑出与苏州朋友们共赏：

水泽迢遥望不分，愁心落叶共纷纷。

扁舟一夜摇江月，入梦吴歌断续闻。

汪洋度，字文治，清代歙县人。他乘船经过吴江，眼前夜色迷蒙，水路迢遥，驿站望不分明，触发起自己迫切回家的心情，愁思满怀。愁思是抽象的东西，诗人便用秋天的纷纷落叶来比衬，既点节令，又通过落叶的诗歌意象使“愁心”具体化。愁心纷纷，长夜无寐，诗的第三句转而写眼前景，自己乘坐的扁舟不停地摇动，晃动了江中的明月。诗句既写出动态的美，也为结句的出现伏下笔。摇船郎一夜摇船，便唱山歌以自娱，也与来往船上的摇船郎唱歌应和。诗人也就在断而又续的吴歌声中渐渐入梦。全诗寓情于景，融情入景，创造出浓厚的江南水乡情韵，抒发出自己的离绪别情。

这首小诗得到清代著名诗论家沈德潜的好评。他评说道：“吴歌以吴江为最，用来独切。予留日下六年归，过望亭，半夜闻吴歌声，知家乡已近，读此觉情景逼真。”苏州地区的吴歌，以吴江为最盛，沈德潜以为汪洋度舟经吴江，写到吴歌，用得很贴切。吴江南

吴歌讴唱（桃花坞木刻年画）

社诗人陈去病《盛泽晤沈秋帆即题其〈櫂歌〉》:“缤纷罗绮风流尽,唱彻吴歈总断肠。”吴歈,即吴歌。吴江南社诗人张农《乡村消夏杂咏》:“田家自有天然乐,两岸吴歌响遏云。”都可以证明沈德潜其言不诬。沈德潜在京六年,归乡舟过望亭,听到熟悉的吴歌声,知道已近家乡。“日下”,指京都。他用自己的切身体验来评价汪洋度的诗,说它“情景逼真”。吴歌清唱,悦耳动听,水乡情浓,动人乡思。汪诗写出真情真景,洵为佳篇。

“吴歌”,就是吴地民歌,当然包括苏州民歌在内,是吴地老百姓在劳动、休闲时,歌唱自己的劳动生活和爱情生活的歌曲。苏州民歌,也称苏州山歌。山歌是一个泛称,无山也叫山歌。分得细一点,田中农民所唱为“田歌”(见张农《乡村消夏杂咏》);渔夫所唱为“渔歌”(广溢《游平波台》:“卧听渔歌断复连。”平波台,在吴江莺脰湖中);船夫所唱为“棹歌”(或称“櫂歌”,见前陈去病诗题);采菱姑娘所唱为“菱歌”(王鸣盛《东崦西崦》:“何处闻菱歌”);樵夫所唱为“樵歌”(许亦鲁《檀溪小景》:“胜岭樵歌薄暮还”)。总称之为“山歌”,苏州人唱的叫“苏州山歌”,是吴歌中的一部分。

范成大《吴郡志》指出:“吴歈,吴歌也。”其来已久,在先秦典籍中早有记载,屈原《招魂》:“吴歈蔡讴,奏大吕些。”到了晋代,左思《吴都赋》有“吴歈越吟”句。从历代诗人的作品中,我们都可以看到吴歌的踪影,可惜没有吴歌歌辞传下来。吴歌的曲辞,只有在宋人郭茂倩的《乐府诗集》中被保存了下来。南朝的吴歌歌曲,开始都是徒歌,采入乐府后,被之管弦,称为“清商曲辞·吴声曲辞”,是极其珍贵的文字。明代苏州人冯梦龙做了一件破天荒的大事,他收集三百余首吴地民歌,编纂成《山歌》十卷,是研究吴歌最为直接的资料,当然,书中也包含着经过文人,甚至是冯梦龙本人加工过的作品。明清时代,也有的文人将自己写的具有民歌风味的绝句诗,直接冠以“吴歈”之名,如蔡云的《吴歈》(载顾禄《清嘉录》)。近代史学家、苏州人顾颉刚搜集、整理并研究吴歌,编《吴歌甲集》、《吴歌余某》,著《吴歌小史》,对吴歌研究作出了杰出贡献。

吴歌,遍及于苏州各个乡镇。年龄较长的村民,都熟悉山歌,也有出类拔萃的山歌手,他们口耳相传,从祖辈那里传承下来“数也数不清”的吴歌。新中国成立以来,先后推出了常熟的“白茆山歌”、吴江的“芦墟山歌”、张家港的“河阳山歌”,并编印出内容极为丰富的山歌集,涌现出一批优秀歌手和优秀的长篇吴歌《五姑娘》等,为保存这一笔非物质文化遗产作出了极大的贡献。

杏花春雨江南美

唐代诗人杜牧有一首《江南春绝句》:“千里莺啼绿映红,水村山郭酒旗风。南朝四百八十寺,多少楼台烟雨中。”这真是一首绝妙好诗,犹如一幅空濛烟雨中的青绿山水画。

我这里不讲杜牧诗,要讲的是一幅画,藏于辽宁省博物馆的王翚《杏花春雨江南图》。

王翚(1632—1717),字石谷,号乌目山人、剑门樵客、耕烟散人,常熟(今属苏州)人。他受王时敏、王鉴的指授,又悉心临摹历代名画,技法精熟,能熔南北画风于一炉,与王时敏、王鉴、王原祁并称“四王”,加上吴历、恽寿平,合称“清初六大家”。

《杏花春雨江南图》是一幅词意画,依据明人文彭的《江南春词》画成。王翚题识云:“右文三桥和倪元镇江南春词。辛卯长夏,临惠崇笔,剑门樵客王翚。”明白标示此图是依文词画成。文三桥,即文彭(1498—1573),字寿承,号三桥,文徵明长子,以明经授南京国子监博士,擅书画,工诗词。辛卯,为康熙五十年(1711),王翚时年八十岁,是王翚晚年画艺臻于极致时的作品。

王翚《杏花春雨江南图》

文彭《江南春词》云:

节序相催将迸笋，青春白昼帘栊静。回塘鸥鹭浴相喧，照水鸳鸯娇弄影。荡子未归春服冷，佳人自汲山前井。谁家青鸟衔红巾，银鞍玉勒随香尘。　春水好，春光急，朝烟未散山犹湿。山行应接不暇及，山下湖光静凝碧。三月游船尽倾邑，向人语燕樯头立。游丝网花落池萍，流年一去谁能营。

词作原是和倪瓒的《题江南春图》，表现江南春色，也描绘了云林的画面景色。前阕词意分为三层。第一层四句，写江南水乡春景，动静结合，色彩绮丽。第二层，由写景转入人物描写，写游子尚未归来，佳人独自汲取井水，虽有美好景色，也没有兴趣观赏。第三层，写佳人的遐想，她准备让青鸟向游子传递消息，望他能早日骑马踏着香尘归来。“青鸟”句，暗用杜甫《丽人行》“青鸟飞去衔红巾”的诗意。

词的后阕也分三层。第一层五句，也写春景，写远景，湖光山色相映成趣。第二层转而写游船，船上的燕子，立在樯头上，喃喃地要留住游客。“向人”句，语出杜甫《发潭州》：“岸花飞送客，樯燕语留人”。煞尾二句，总收全词词意，词人感叹春光虽美，总要逝去，年华像流水一样，谁能留得住。最后用反跌方法，跌宕有致，引发出无限的人生感叹。

画家王翚选取全词中最富有“图画性”的词意，作为自己构思立意、设象布局的依据，如“帘栊静”、“回塘鸥鹭浴相喧”、“照水鸳鸯娇弄影”、“朝烟未散山犹湿”、“湖光静凝碧”等，他努力使画象与词中意象群相融合，画幅带有浓郁的江南水乡风味。上部山峦重叠，烟雾萦绕，远山好像在浮动。下部村舍屋宇沿着湖岸，参差错落地掩映在翠色的树丛里，湖面上渔人荡舟，湖畔水鸭浮游，菱芰点点，环湖随意设象，潇洒虚旷。全图用笔老辣细密，布局疏密相间，敷色淡雅清润，充分表现出雨后江南的旖旎风光。

画家王翚着意让自己的画幅极具抒情的品格，画境充分体现出文彭词的意境，真正做到“词中的画意”与“画中的词意”有机地统一起来，出色地完成了这幅词意画的创作任务。

王翚笔下的江南春色，是他家乡常熟的眼前景，也就是苏州水乡的春色。这种美景在苏州五县市的农村、山野间，随处可见，画家将它们集中概括起来，让这种自然美更具有典型意义，带着浓浓的“苏味”。

葑田行犊且崇文

这是唐寅画的《葑田行犊图》，今藏上海博物馆。

画幅左侧画苍松一株，长于坡石上，松树盘曲奇倔，左右分枝，枝繁叶茂，松阴布满整个画面，清润秀雅。松干勾勒成形，淡墨画出松身鳞片，稍加皴擦，分出明暗，形貌逼真。松树旁衬以杂树，又有古藤缠绕松树枝干间。松树高而粗壮，杂树矮而细瘦，松针密缀细描，杂树空勾夹叶，两相比照，极变化之能事。松阴下，一只春牛驮着隐者悠然行进在田埂上，一卷书挂在牛角上，人物衣纹着笔不多，却勾勒精当，形神兼具。画幅右上方，唐寅端端正正题上一诗：

骑犊归来绕葑田，
角端轻挂汉编年。
无人解得悠悠意，
行过松阴懒着鞭。

唐寅《葑田行犊图》

诗的前二句，写画中人沿着田埂，绕过葑田，骑牛归来，牛角上挂着一卷编年的《汉书》。“葑田”，在沼泽中以木为架，铺上泥土浮于水面的农田，古代苏州地区多有这类农田。王謇《宋平江城坊考》卷五引《续记》（按，即朱长文《吴郡图经续记》）："吴有葑田，谓茭土摎结，可以种殖者也。"葑田水深泥烂，牛陷入后不便行进，所以骑牛要绕开葑田。"汉编年"，《汉书》本是纪传体史书，东汉荀悦抄撮《汉书》，将它改为编年体史书，故称"汉编年"。牛角上轻挂书卷，暗用唐代李密"牛角挂书"的典故。李密年轻时好读书，挂《汉书》于牛角上，且行且读，适被越国公杨素看见，曰："何书生勤如此？"事见《新唐书·李密传》。画与题诗都隐含了勤读的意思。诗的后半首，要连在一起解读，诗人说：画中人骑犊行过松阴时，觉得这里很清静幽雅，便懒得举鞭赶牛，这种悠然自得的意趣，有谁能懂得呢？"无人解得"，是唐寅的托词，其实，画家自己就解得。他通过牛角挂书的画像，希望能在清幽的松阴下勤奋读书，不受外界干扰，悠然自在。唐寅将这首题诗定位在抒写情趣上，采用突出重点的手法，集中力量表现画中人的行动和心态，对画中的重要景物——松树，却略而不谈，"松阴"不过是用来为抒写画中人"悠悠意"而营造艺术氛围。题诗的构思立意独出心裁，很有新意。

唐寅通过画幅和题诗，借助于大家熟知的牛角挂书的典故，寄寓着勤读的意想，弘扬了"崇文"的精神，反映出了苏州士人共同的理想和追求。

芦滩双牛闲江天

杨晋(1644—1728),字子鹤,号西亭、鹤道人,常熟(今属江苏)人。他是“清初六大家”之一王翚的得意弟子,曾跟随王翚奉诏入京为康熙画《南巡图》,名重京师。他善画山水,也画人物、花鸟,尤擅画牛。王翚画中的牛马常常由他补画。鱼翼《海虞画苑略》论他画牛:“蹄角生动,不减韩太冲(滉)、戴惟高(嵩)也。”韩滉、戴嵩是唐代画牛高手,可见后人对杨晋画牛的评价极高。今藏常州博物馆的《芦滩双牛图》,是他的代表作之一。

吴地经历一段“渔猎为业”以后,很快便进入农耕社会,养牛以助耕耘,便成为吴地农家生活的大事。“吴牛”很早便见于汉人的记载。汉应劭说:“吴牛望见月则喘。”(《太平御览》卷四引《风俗通义》佚文)吴地饲养的水牛,怕热,见月出以为日出,喘息不止。晋代人满奋将自己的病体比喻为“臣犹吴牛,见月而喘”(《世说新语·言语》)。唐代诗人陆龟蒙有《祝牛宫词》诗及序,描写吴人在冬天十月以后,筑宫保养耕牛。范成大《吴郡志》卷二

杨晋《芦滩双牛图》

解说"牛宫"云:"牛栏,亦名牛宫,吴地下湿,冬寒,牛即入栏,唐人谓之牛宫。"杨晋画的是家乡的耕牛,也就是"吴牛"。

《芦滩双牛图》是一幅春牛图,画大小两牛,小牛抬头鸣叫,正奔向母牛,母牛回头凝望着自己的牛犊,两牛互为呼应,刻画生动。全图布局空旷疏朗,用笔深细,细草草茎很分明,甚至连两牛脚上的蹄角、身上的细毛,都依稀可辨。背景衬以阔远的水滩、芦苇,细草直接远天,这种田园风光与画中水牛的习性相吻合,恰当地表现出苏州农家的浓郁风味。画幅左上方,画家自题一诗:

细草平坡接远天,渴时饮涧饱时眠。
太平不写巢由事,只写春深欲种田。

前面两句写画。首句由画面切入,具体描写画幅上江天阔远的景色。次句写画中之牛,写它们生活得自由自在,渴时饮涧水,吃饱了便眠于草间,这正是"芦滩双牛闲江天"。诗的三、四句,转出别意,画家用诗句补出画面上无法表达的画意。先用"不写巢由事"作衬垫,说太平盛世不用谈论巢父和许由甘于隐逸、不愿接位的故事,我只想说,到了春深时节,耕牛就要忙着耕田,不会像画幅上那样悠闲自在。诗句点明自己的画意:春牛吃饱睡足,休养体力,准备迎接即将到来的繁忙春耕,"闲",正是为了"忙"。

耕牛是家畜中较早被画家画入画幅中的艺术形象,唐代画家戴嵩擅画牛,宋人黄庭坚读过藏于李亮功家他的画牛图,为题《题李亮功戴嵩牛图》。宋代范子泥喜画牛,自号"范牛",范成大作《题范道士二牛图》。宋名画家李唐,也爱画牛,元代诗人袁桷题其画《李唐牛》。宋画家江参,工墨牛,曾画《百牛图》,元代诗人邓文原为题诗。为什么很多画家喜欢画牛呢?因为中国古代以农立国,牛是农家宝,素为大家珍视。唐代画家韩滉擅画牛,能曲尽其妙,他的《五牛图》,竟被保存到现代,今藏北京故宫博物院。元代人程矩夫作《题韩滉牧牛图》:"农为天下本,万世此心同。晴日开图画,方知宰相功。""农为天下本",语出《国语·周语》:"夫民者大者在农。"应劭《风俗通义》:"农者天下之本。"韩滉曾任唐德宗朝的宰相,他经世济民,充分认识到农为民本、牛为农本的道理,所以画作《牧牛图》,心存劝农之想。程矩夫深知韩滉画牛的艺术匠心,因而在题画诗中予以挑明。我们用这样的艺术思路去体识杨晋的《芦滩双牛图》和题诗,一定能恍然悟出杨晋画牛的画心。

沙汀鸳鸯戏春波

仇英十洲，雅善丹青，与沈周、文徵明、唐寅并称“明四家”。但是，他不会写诗，他的画上都是他人题写的诗，也有的画上无诗。这里，我们选录一幅有彭年、袁袠题诗的《沙汀鸳鸯图》，与大家共同品赏。

仇英（生卒年不详），字实父，号十洲，太仓（今属江苏）人，移居苏州。工匠出身，周臣见其耽于丹青，教之，文徵明父子欣赏他的画，为之推奖。善画人物，亦画山水、花鸟。

仇英《沙汀鸳鸯图》

仇英《沙汀鸳鸯图》，今藏上海博物馆。画面中，沙汀上绿草丛生，蒲草新绿，四周水天一色，空濛迷茫，汀边水波荡漾。画中主景是一对鸳鸯，正戏水于沙汀边。雄鸟刚刚从水中上岸，单足立于沙汀，正低首侧颈梳理羽毛；雌鸟还在水中引颈翘尾，踩水嬉游。画面上方右侧，伸出一长一短的花枝，还勾画两只很小的春燕，在空中回翔。这一切景物，完全是为烘托鸳鸯而作。留白很宽大，以象征水天空阔的沙汀环境。全图构思巧妙，用笔工致纤细，设色淡雅，风格秀雅清丽，颇有逸趣。画幅右上方，画家署款云："庚子夏，仇英实父制。"庚子，明世宗嘉靖十九年（1540）。画幅右上方，还有彭年和袁褧两位诗人的题诗。彭年诗云：

芳州水暖蒲新绿，夹岸花明絮未飞。
最爱江南春色丽，鸳鸯照影立斜晖。

彭年（1525—1566），字孔嘉，号隆池，长洲（今苏州）人。书法从晋人入，行草近苏轼，其书名亚于文徵明，工诗，常为他人题画，有《隆池山樵稿》。

彭年的题诗，紧扣画题，从"沙汀"、"鸳鸯"着笔，着力描绘画面景物。"水暖"，语出苏轼《惠崇春江晓景》："春江水暖鸭先知"。沙洲旁，春江水暖，蒲草刚刚发出嫩绿色，两岸的春花开得很繁密，柳树尚未吐絮，这正是春光明媚的大好时光，为鸳鸯戏水创造理想的环境。诗人十分喜爱这"江南春色丽"的境界，更何况，斜阳下还有鸳鸯戏水，临流照影，春意浓浓，生机勃然。全诗描绘了画面的景物，再现画境，也补出了画外意，诗人还将自己的审美情趣、喜悦心情融入这幽美恬静而又富有生意的画境中，用诗情丰富了画意，为仇英的画注入了无法用画笔描画出来的诗意。

右上方还有袁褧题写的诗：

春到江南好，蒲芽茁浅沙。
彩鸯双戏沼，柳浪逐浮花。

袁褧（1495—1573），字尚之，号中皋子、谢湖居士、石湖漫士，吴县（今苏州）人。嘉靖二十二年（1543），累试不利，遂专门收藏典籍，校刻刊行，成为著名的刻书家。工诗文、书画，画山水，多作小品，林丘郁映，笔墨潇洒。著有《田舍集》。

题诗与彭年的写法不一样，先从题外写来，赞美江南春色之美，次句才落到画面上，描写蒲草嫩芽在沙汀上茁长。三、四句写画上主景鸳鸯戏水，一双鸳鸯在池中嬉戏，掀起的微波追逐着浮在水中的花瓣。袁褧的题诗开端虽与彭年不同，但他们的诗境，都从仇英的画境托出，起着互补的作用。两人的诗又对仇英的画意起着申补的作用，十分有助于读画人对仇英画幅的欣赏和理解。

从彭年、袁褧为仇英的《沙洲鸳鸯图》所作的题诗，可以见出诗画融合的重要审美价值。仇英画艺造诣很高，可惜不善诗，实在是苏州画坛的一件憾事！

貌得江南烟雨意

江南多雨，写雨后山水，得江南山水之神，可以说是表现了江南山水美的灵魂。江南画家董源、巨然、大小米，掌握江南山水的特征，运用独特的技法，创造出表现江南山水美的绘画艺术。苏州画家也继承了这种艺术传统，表现吴中山水，貌得江南烟雨意，画出富有江南神韵的山水画。明代的沈周、文徵明正是这样的代表性画家。

文徵明的《春山烟树图》，可以说是一幅代表作品，图藏中国台北故宫博物院。这是一幅设色纸本山水画，本图的画法，显然是仿"二米"的，运用"米点皴"画出。远处山峰浮现于叆叇云雾之中，深得米家云山之趣。沈周的山水，得董巨、二米之真传，而文徵明得传乃师沈周之衣钵，他在《题吴嗣业藏石田先生画四首》中说："凭君莫作元晖看，自写吴门雨后山"，"吴门何处墨淋漓，最是西山雨后奇"。他熟知沈周绘画的艺术渊源，石田山水从米友仁处来，但是米友仁画的是润州山水，而沈周却"自写吴门雨后山"，他借米氏之神，写吴中之山，吴地雨后之山，更是画家神境，以

文徵明《春山烟树图》

雨后山画入画中，所以能水墨淋漓，气韵满幅。然而，文徵明又善于“错综古人”，融合宋元诸家笔意。本图下部的溪岸、烟树，以黄公望的浅绛着色和倪瓒的简率清逸之风入画，明显融入倪、黄笔意。全图构图简率疏松，粗简而有层次，率意而见韵味，风格苍润清新，意境清幽旷远，恰当地描写出雨后吴中山水的美学特征。正如袁褧题诗所说：“落景在遥山，江南雨新足。”画幅上部有王谷祥、彭年、袁褧、爱新觉罗·弘历的题诗。文徵明的自题诗云：

千村绿树一豁分，百叠晴峦锁白云。

貌得江南烟雨意，错教人唤米敷文。

衡山诗的前二句，描写画面景色，再现画境美。他说宛曲的一条溪水，将千村万树分隔开来。重叠的百座晴峰，被迷漫的白云锁住。两句诗，与画面的对应关系非常紧密，诗句不仅全面地反映画面景物，还表现出自己构思、布局的匠心，云山烟树的审美特征，如椽巨笔，具有极强的概括力。第三句是总写，说这幅画水墨淋漓，是“江南烟雨”之景。结句醒题，拍合到画幅的艺术渊源上来，因为它深得米家云山的神髓，所以被人错认为是米友仁的云山图。“米敷文”，即宋代画家米友仁，他曾任敷文阁直学士，故云。文徵明早年就仿米氏云山，代表作品有《仿米云山图》，今藏北京故宫博物院。他也仿倪瓒的云山，《仿倪云林》：“平生最爱云林子，能写江南雨后山。我亦雨中聊点染，隔江山水有无间。”他对学米的高克恭评价也很高，《题高彦敬寒窗幽逸图》：“昔见赵松雪题彦敬画端云：‘如何千载后，犹见米敷文？’其许之可谓至矣。若此四图，又不仅止此，当与王洽相为伯仲，故予次篇句中及之。”文徵明用米家云山之法，稍加变化，恰当地描绘苏州雨后山水的景象，而他的自题诗，更能精彩地再现画面，明白地坦示自己的构思匠心和技巧特征，清楚地摅写出自己的审美情趣。

文徵明笔下表现“江南烟雨意”的画作真不少，如南京博物院收藏的《水亭诗意图》；中国台北故宫博物院收藏的《山水图册页》（之四）、（之五）；北京故宫博物院收藏的《山水图册页》（之四）；辽宁省博物馆收藏的《烟云叠嶂图》；上海博物馆收藏的《云山图》。这说明苏州画家文徵明善于运用二米、高、倪的笔意，描写家乡的真山水，才会呈现如此奇妙的审美特征。

江村渔乐乐悠悠

明代苏州著名画家沈周(1429—1509),字启南,号石田、白石翁,长洲(今苏州)相城人,终身不仕,专门从事诗文、书画创作,善画山水,兼工花鸟、人物,与文徵明、唐寅、仇英合称“明四家”。著有《石田集》。他生在水乡,长在水乡,熟悉水乡的生活,于是便挥毫画出这幅《江村渔乐图》,该画作今藏美国弗利尔美术馆。本图是个长卷,较为开阔地展现出了苏州江村的渔民生活和风俗人情。画卷中部画山丘,山石仿董、巨披麻皴,苍劲浑厚。山丘左右两边山麓下,散布着渔舍,依山傍水,缀以垂柳。渔舟若干,散于岸边江面,渔民或垂钓,或撒网,或拉罾,姿态各异,自得其趣。渔家之乐也就蕴涵于这些画象中。画幅左上方,沈周自题一首七律:

沙水萦萦浪拍堤,芦花枫叶路都迷。
卖鱼打鼓晚风急,晒网系船西日低。
蓑草雨衣眠醉叟,竹枝江调和炊妻。
人间此乐渔家得,我困租傭悔把犁。

诗与画并不完全对应,诗句较多地补充了画意,也就是那些画不出来的艺术意想。首联,写江村的环境,江水萦萦,浪拍岸堤,枫叶障目,芦花迷路,诗人紧扣画面,再现渔村的景色,有着极浓郁的江南水乡韵味。颔联扣到题面的“渔”字上,描写渔民生活,傍晚时分,日西斜,晚风急,有的渔民打鼓卖鱼,有的渔民晒网系船。渔民使用的捕鱼网,有多种名称,不同的功用。陆龟蒙《渔具诗序》:“大凡结绳持网者,总谓之网罟。网罟之流曰罛、罾、罺,圆而纵舍曰罩,挟而升降曰罠。”细阅沈周画卷,有多种不同功用的渔网。渔民卖鱼打鼓,这是吴地的风俗,明王思任《游洞庭山记》:“村俗,鼓音不绝则鱼至,谓之傍新鲜。”清王维德《林屋民风》云:“渔人以鱼入市,必击鼓卖之。”沈周

沈周《江村渔乐图》(局部)

诗句,都是真实生活的描写。颈联扣到题面的"乐"字上,描写渔翁垫着蓑草雨衣,醉眠船头;渔妇一面煮饭,一面唱着竹枝词、渔父词。这种生动描写,在唐代诗人皮日休的《钓侣》诗中也出现过:"趁眠无事避风涛,一斗霜鳞换浊醪。莫怪儿童呼不得,尽行烟雨漉车螯。"用斗来量鱼,这是吴地的风俗。范成大《吴郡志》卷二"风俗"云:"鱼斗者,吴俗以斗数鱼,今之二斤半为一斗,买卖者多论斗,自唐至今如此。"尾联总写渔家乐,收束全篇,又以自己把犁耕作的困苦生涯作比照、反衬,目的是突出渔家之乐。全诗意趣盎然,语言清新,对偶工整,凸显一个"乐"字,与画幅渔乐之旨趣相融会、相渗透,完美地创造出"渔家乐"的艺术境界来。

本图是沈周继承吴镇的艺术传统,追踪其画风的产物。我国元代兴起画作"渔隐"的画风,反映出当时知识分子不愿在异族统治的朝廷里做官,纷纷隐于田园山水、水乡泽国之间的思想,"渔隐"精神是这个时代文人共同心态的真实体现。"元四家"最有代表性,梅道人吴镇就有许多以"渔乐"为题材的画,画幅所揭示的正是这种人文精神。明人董其昌在《画禅室随笔·评旧画》中论及元季画家多《渔乐图》时说:"盖四大家(黄公望、倪瓒、吴镇、王蒙)皆在江南葭菼间,习知渔钓之趣故也。"董其昌的论述,可以涵盖整个元代画家,如盛懋《秋林渔隐图》,即是如此。林镛深知画家匠心,题诗说:"黄尘辊马长安道,谁似矶头一钓翁。"想象那些为名利奔忙于长安道上的人,有谁能像矶头钓翁那样安闲自在。诗人运用反衬法,凸现画幅"渔隐"的主题。元华幼武《题秋溪钓隐图》、王逢《寄题琐宪臣万户星湖钓隐图》,都在"元四家"以外。这种画风曾在明清两代产生过深远影响,有不少画家喜欢画渔家生活,表现渔隐思想。沈周晚年醉心于吴镇画风,自然深受浸润,况且他自己又长期生活在江南鱼米之乡,也有隐逸悠闲的高超情趣,因此,在他的画笔下出现水乡浩渺景观、江村渔家乐趣,是很自然的事。

烟水微茫石田家

苏州名画家沈周的高祖，原为城中望族，元末兵乱，财产损散，家道中落，在曾祖沈良琛这一代上，便迁居相城。明成化三年（1467），沈周建“有竹居”，夏至日，刘珏和徐贲同访沈周在相城新落成的“有竹居”，刘珏作《烟水微茫图》（也就是《有竹居图》，以和诗首句前四字为画名），今藏苏州博物馆。徐贲题诗、跋于其上，叙作画本事。刘珏次其韵，和徐贲诗，也题在画上。卞永誉的《式古堂书画汇考》卷五十五，直书“沈启南《有竹居图》卷”，实误，检画上“刘珏画并次韵”的题款，足以证之。

刘珏《烟水微茫图》

刘珏（1410—1472），字廷美，号完庵，长洲（今江苏苏州）人。尝任山西按察司佥事，工书擅画，山水远宗董巨，近师吴镇、王蒙。有《完庵集》。徐贲（1335—1393），字幼文，号北郭生、北郭居士，祖籍四川，后迁居苏州。洪武中，被荐入朝，官至河南左布政使。

长于诗，与高启、杨基、张羽齐名，为“明初四大家”，擅画山水，师法董源、巨然、黄公望，笔墨清润。著有《北郭集》。

刘珏的画轴，以大江为界，分为上下两部。下部右侧画茅屋临江而筑，屋前杂树罗列，屋后翠竹环生。树木用浅墨勾描躯干，浓墨点染枝叶。河对岸画水田一角。据刘珏、徐贲的诗意，可知这里便是沈周居处“有竹居”。上部隔江为洲渚、远山，山石以轻笔淡墨皴擦晕染，愈远，山色愈淡，在有无之间。远山有较多空白处，表现云烟变灭之趣，远水处也有不尽之意，表现烟水微茫之态，意趣极为深远。秦祖永《桐阴画诀》说：“刘完庵笔意深厚，格律严谨，纯乎元人风度。”秦氏的审美评判完全切合刘珏画的实际。画幅上部为徐贲用行草题写的跋语和诗行，左下方为画家刘珏的自题诗：

烟水微茫外，舟行一舍间。既觅沈东老，还寻陶隐居。

冰弦三叠弄，茧雪八分书。醉和阳春曲，空疏愧不如。

题诗先描写寻访沈周有竹居的经过，首联说有竹居离城很远，在微茫的烟水之外，船行要一夜多一点。“一舍”，一宿。颔联说寻访隐于乡间的沈周。“沈东老”，即沈周。“陶隐居”，即陶渊明，古人常用他代指隐居者。颈联描写有竹居的内部环境，渲染其艺术氛围。上句说屋内演奏着音乐，古筝弹奏着三曲。“冰弦”，筝的代称。下句说在用蚕茧制成的雪白纸上，书写着八分字体。诗句为人们形象地展示沈周多方面的文化素养。尾联收结，说自己的和诗是乘醉写出的，自知空疏，不如徐贲的诗高雅。“阳春曲”，古代高雅的乐曲名，这里指徐贲的原唱。全诗并没有描写具体的画面实景，只是叙述寻访有竹居及其主人的经过，重在表现有竹居主人沈周高雅的情趣、幽闲的性格和深厚的文化艺术修养，为画面实景注入深厚的人文精神。诗与画相互映发，帮助读画人深入了解画意，更让人们走近苏州著名画家沈周，全面深入地认识、理解这位明代苏州画坛的领军人物。

花溪渔隐境明丽

苏州是泽国水乡，很自然地成为鱼米之乡，“渔隐”，正是江南水乡文化衍生出来的一种文化意识。唐代张志和耽于隐逸的思想，可以说始开渔隐观念的端倪，经过元代时代意识的推动，元、明江南文人更助长了隐于渔的社会风气。明代沈周有《渔樵图卷》、《江村渔乐图》，文徵明有《渔舟晓泛图》，而文徵明的学生陆治画作的《花溪渔隐图》，正是继承了历代江南画家隐于渔的传统。

陆治的《花溪渔隐图》藏于北京故宫博物院。本图为设色山水画，画幅右侧山岩下、洲渚上，渔村隐现于林木、桃花中；左侧水溪对岸，近山峻岩峭壁，远山隐约，山色在有无之间。岩石用笔墨勾皴晕染，

陆治《花溪渔隐图》

峭壁呈现奇峭之美，是从文徵明处学来的，钱杜说："陆叔平得其奇峭。"（《松壶画忆》）江面空阔，一叶轻舟荡漾其中，一人正在垂钓。河对岸，桃树连绵，与村边桃树遥相呼应，色彩绚丽，构成花溪的实境。整个画面大量留白，以见江面浩渺之妙，深得江南水乡自然风光之神髓。全图群山迤逦，山石以淡赭色、淡青色染出，配上桃花的红色，营造出深远明丽的意境，宛如仙境。画幅右上方为画家的楷书自题诗：

凭江巀嵲芙蓉起，万壑争流水映门。

鸡犬一方尘迹远，杜陵花竹让云村。

陆治（1496—1576），字叔平，号包山，吴县（今江苏苏州）人。居太湖包山，后隐于支硎山。画学文徵明，书学祝允明，诗、文、书、画都有很高的造诣。王世贞说："包山游祝、文二先生门，其于丹青之学，务出胸中奇气，以与古人角，一时好称，几与文先生埒。"（《弇州续稿》）方薰也说："文氏弟子，妙有渊源，包山（陆治号）、五湖（陆师道号）、西室（王谷祥号）、夷门（侯懋功号）诸子，大都瓣香停云，各参其法，而成一家，风骨清超，毋为浅视。"（《山静居画论》）可见，陆治在文氏门派中的地位是很高的。他善画山水、花鸟，徐沁《明画录》："工写生花鸟，得徐、黄遗意。"传世的画作有《彭泽高踪图》、《玉兰图》、《云峰林谷图》等。

包山的题诗自画面切入，首句描写临江的岩石非常高峻，像一朵荷花，屹立在江边。"巀嵲"，高峻貌。次句说万壑溪水争着流入江中，山村临水而筑，溪水倒映着柴门。两句纯写画面景色。诗的三、四句，仍就画面景物下笔，但写的是绘画无法表现的声响和人的感觉，诗句采用"诗传画外意"的艺术手法。画面上并无鸡犬，这里指鸡啼犬吠的声音。远方传来鸡犬声，愈现山村的静谧，方知这里是远离闹市的地方。结句说，图中的渔村掩映在烟云、桃花之中，连杜甫笔下的花竹意象，也比不上这里富有诗意的画境，故曰"让"。"杜陵"，杜甫在长安的住处，代指杜甫。以上二句诗，申补画意，颇有意趣。

陆治继承了历代江南画家喜画渔隐题材的艺术传统，画成这幅笔墨细腻秀润、色彩明丽清新的《花溪渔隐图》，再题上一首清丽的诗，巧妙地将自己的生活追求、审美情趣与自然界的山水和谐地融合起来，创造出令人神往的审美境界，供读画人细细品味。

花香来向画中听

苏州是个适宜于养老、休闲的好地方，历史上有不少外地人，致仕、退隐后寓居苏州，清代诗人张问陶便是无数有识之士中的一个。

张问陶（1764—1814），字仲治，一字柳门，又字祖乐，号船山、老船、宝莲亭主，祖籍四川遂宁，出生于山东馆陶，辞官后寓居苏州。乾隆五十五年（1790）进士，历仕翰林院庶吉士、御史、吏部郎中、莱州知府，因忤逆上司，借病乞归。以诗才著称，工书擅画，画风接近徐渭。有《船山诗草》存世。

张问陶来苏后，画过一幅《人物扇面》，今藏李一氓同志处（载《中国民间秘藏绘画珍品》第三集，江苏美术出版社 1996 年出版）。

张问陶《人物扇面》

这幅人物扇面画画了两位卖花老农，一立一坐：立着的花农，戴着斗笠，担里盛满鲜花，像是刚刚出门；坐着的花农，梳着短髻，斗笠摆在身旁地上，一只筐里没有花，已经卖完，一只筐里鲜花没有摆满，卖了一些。人物相向对话，生动传神，细笔勾出身形、衣纹，略施淡彩。画幅构图力求灵活变动，参差错落，避免平庸呆板。画面人物正是苏州人熟悉的卖花人形象。画家在右上方自题一绝：

早听时务夜听香，镇日茶瓜习送迎。
洗耳已无清涧水，到门恰喜卖花声。

题诗并没有描写画面花农的形象，也没有补出花农对话的内容，却由画面之花香逗入，借题发挥，题外生情，抒写自己厌烦世俗事务的情思。前两句用叙述的笔调写来，说早晨听讲当世的事务，夜晚听着花农的叫卖声，似乎闻到花香。整天喝着茶，吃着瓜，习惯于送往迎来的生活。据《清嘉录》记载，苏州虎丘花农有担着花篮沿门叫卖的习俗，蔡云《吴歈》："提筐唱彻晚凉天"，与本诗"夜听香"正相一致。顾禄《桐桥倚棹录》卷十二："栏门吟卖，紫韵红腔，宛转堪听。"后两句，诗笔一转，说自己不愿意听闻世间俗事，想用清水洗洗耳朵，可惜没有清涧水，可喜的是悦耳的卖花声送到家门口，也可以安慰我厌倦世务的心。"洗耳"，用许由的典故，皇甫谧《高士传》记载，许由是尧舜时代的人，尧要把天下让给他，许由不愿听，便到颍水之滨用清水洗耳。后代人常用此典表示不愿过问世俗事。"卖花声"，语出陆游《临安春雨初霁》："小楼一夜听春雨，深巷明朝卖杏花。"由听到卖花声，进而闻到花香，全诗紧紧抓住一个"听"字，拓展诗思，首尾呼应，结构完整。

张问陶诗中的"听香"一词，很新鲜。"听香"，沟通耳、鼻、眼的感官功能，将听觉、嗅觉向视觉移借，是"通感"现象中一种很独特的审美体验。早在六百年前，"吴中四杰"之一的张羽，为凉亭取名为"听香亭"，题诗云："人皆待三嗅，余独爱以耳。""香"，靠嗅觉器官鼻子才能体验出来，而张羽独独喜欢以听觉器官"耳"去感受香味。佛家典籍里也有"听香"的说法，《五灯会元》卷十二"净因继成上室"云："鼻里看声耳里香，眼中咸淡舌玄黄。"鼻子能闻到声音，耳朵可以听到香味，诸种感官的功能互相移借，这便是"通感"。"听香"这种审美体验非常活跃地出现在诗画艺术的审美活动中，张问陶《人物扇面》及其题诗，便是一例。宋人辛弃疾《西江月·夜行黄沙道中》："稻花香里说丰年，听取蛙声一片。"词人从眼前的一片蛙声里，听到稻花的芳香，预报着丰年。李慈铭为友人画了一幅《湖南山桃花小景》，题诗云："当年同赋寻春句，几度溪头放钓舲。山气花香无着处，今朝来向画中听。"画上无法表现"花香"，题画诗人却发挥诗歌艺术的长处，借助"通感"的艺术手段，写出"非鼻闻香"的诗句来，使诗境和画境在"听香"这一点上完美地融通起来。

吴下人家水竹居

石涛画的《山水扇》，今藏安徽省博物馆。石涛以外地画家的眼光，来表现苏州水乡的独特风貌，是一种很有意趣的艺术举措。

石涛(1642—1718)，僧人，俗姓朱，名若极，法名原济，字石涛，号大涤子、清湘陈人、清湘道人等，自称苦瓜和尚，全州(今属广西)人。明宗室，明亡后，削发为僧，晚年定居扬州。擅画人物、花果、兰竹，尤擅山水，与弘仁、髡残、朱耷合称“清初四僧”，与梅清、戴本孝等人交往甚密，合称“黄山派”。有《苦瓜和尚画语录》、《清湘道人题记》。

石涛《山水扇》

这幅扇面的右侧，绿树、丛竹掩映着两间屋舍，有人正临窗抄书，树阴下、岸石边，停泊一叶扁舟，有人正坐在船头专心垂钓，他的闲情恰与窗前抄书人相映成趣。屋前为开阔的水面，对岸为远岫平林。扇画左侧，着淡淡山影水色，留下大片空白，状浩渺之景，含不尽之意。石涛的山水画风纵横排奡，素以奔放取胜，本图则清逸茂朴，以沉稳取胜，可以说别具一格，是石涛众作中的别调。画家在左边上方空白处，依循着扇形，用隶书书写七绝一首，两字一行，横写，排列齐整。诗、款选择在画面左侧空白处，与画面右侧繁多、厚重的画像构成虚实的对应关系，保持了画面的平衡美。

诗云：

吴下人家水竹居，窗含四面绿阴虚。

初回午梦情何堪，楷法仍抄种树书。

题诗纯写画面景物，再现带有浓浓江南水乡风情的画境。开端径直点出地望，说明画家所画的乃是苏州山水。“吴下”，苏州。苏州人家大都临水而居，居处多种竹、树，“水竹居”三字，既扣画面，确也抓住了苏州水乡的景观特征。元代倪瓒有一幅《水竹图居》，据他的跋语交代，友人高进道僦居苏州城东，有水竹之胜，云林题诗云：“僦得城东二亩居，水光竹色照琴书。”其画境、诗境与本诗相仿佛。或许石涛作画时构思立意，便是借鉴、汲引了倪瓒的诗情画意。为什么文人都喜爱水竹？这里有着很深的文化底蕴。苏州城内城外多河湖港汊，是典型的水城、水乡，水的柔动感和灵秀美，陶冶着吴人的性情和品格；古人将竹比为君子，赋予竹的自然属性以人的精神、道德、情操，白居易《养竹记》说：“竹本固，固以树德”、“竹性直，直以立身”、“竹心空，空以体道”、“竹节贞，贞以立志”、“故君子人多树之为庭实焉”。“水竹居”，恰恰精当地反映出吴地的人文景观和吴人的襟怀。次句紧承首句之意，说居处的窗户四面虚空，室内融涵着竹树的绿阴，映带着山光水色，清虚静谧。在这样的环境里，正好读书、写字。诗的三、四句，转笔写到画中人，他午睡梦醒，起床后百无聊赖，仍然用楷书抄写种树书，以消磨时光。“种树书”，教人栽种树木的书籍。《史记·秦始皇本纪》记载，秦始皇焚书时，独留种树之书不焚烧。这幅扇面画，为苏州友人而作，画境诗情正是友人清闲生活和淡泊心境的真实描绘，诗画映发，情景交融，韵致悠长隽永。

石涛以画家独有的敏锐目光，发见了苏州自然风光之美，水文化、竹文化的深邃内涵，便用自己的画作和题诗，表露出他对苏州的爱慕之情。

雨余春树乡思浓

本图是文徵明画的《雨余春树图》，今藏台北故宫博物院。

文徵明（1470—1559），初名壁，一作璧，字征明，后以字行，更字征仲，号衡山居士，长洲（今江苏苏州）人。屡试不第，后以岁贡生荐举吏部，授翰林院待诏，三年后辞归。他人品志行极高，朱彝尊称“先生人品第一”（《静志居诗话》）。又以“博学”闻名于时，擅书法、诗文。学画于沈周，与沈周、唐寅、仇英合称“明四家”。与里人祝允明、唐寅、徐祯卿交密，人称“吴中四才子”。文徵明的诗风“温厚和平”，文嘉《先公行略》：“诗兼唐宋，而温厚和平为主。”同样，他的书画作品，也体现出这种美学特征。有《甫田集》传世，近人周道振编《文徵明集》，较为完备。

本图是一幅用家乡的景色慰藉远行友人的山水画，画幅

文徵明《雨余春树图》

上部峭壁陡立，山色极淡，山石点苔和石上小树用浓墨点提，很醒目。山脚下，一条小溪蜿蜒曲折，溪岸交错，错落有致。下部，画坡石、杂树，有游人或坐赏溪流，或携杖问路，悠闲逸散。全图用笔工细，敷色极淡，笔墨助成于敷色的效果，有一种湿润、透明的光感，给人以缥缈的美感，非常适合于表现江南水乡的浓郁风味。恽寿平《南田画跋》论文徵明敷色“古淡明洁”，本图可作代表。光看画，还很难理解画家的艺术匠心，于是画家在画幅的上部题写了跋语和诗，以有助于画幅的品赏。这种诗画对读的审美方法，在欣赏古代名画时，很有意义。文徵明的题跋云：“余为漱石写此图，数日复来，使补一诗。时漱石将北上，舟中读之，得无天平、灵岩之忆乎？丁卯十一月七日，文壁记。”丁卯，为明正德二年(1507)，当时画家仅三十八岁。漱石，文徵明的同乡友人。题跋交代画作本图的缘起和动机。自题诗云：

雨余春树绿阴成，最爱西山向晚明。
应有人家在山足，隔溪遥见白烟生。

题诗的前二句，描写整幅画面的景色，苏州城西群山的雨后春树，绿阴浓湿清润，苍翠欲滴。画家说，我最爱赏的是夕阳斜照下的城西群山，分外明亮清丽。“西山”，泛指苏州城西诸山，包括灵岩山、天平山在内。题诗十分准确地表现出自己画幅清幽秀净的特征。诗的后二句，摄景的镜头逐渐聚集到一个焦点上，那就是山脚下升起袅袅炊烟的农舍。诗人驻足遥望，见到隔溪有白烟升起，知道山脚下应有农家的茅舍，此时正在煮饭。诗句运化了杜牧《山行》“白云生处有人家”的句意，别出新意，极有生活气息。诗人既将自己热爱家乡的饱满情感融入画境中，又将它们倾注入自己的诗句中，使整个艺术品充溢着浓浓的乡思、乡情，以之赠给北上的友人，慰藉友人的思乡情绪。“得无天平、灵岩之忆乎?”他问友人：你读了我的画以后，是否生出忆念家乡天平、灵岩山的意想？画家的跋语点明了自己的作画匠心，用心良苦。

梓乡文献　广为流传

苏州虎丘、山塘一带，素为吴中繁富之区，市廛商肆林立，歌馆酒楼栉比，岸上游人摩肩接踵，河中画舫穿梭往还，盛况空前。可惜经庚申(1860)之役，清军退出苏州的时候，将此繁华街区付之一炬，尽行烧毁。俞平伯《题顾颉刚藏〈桐桥倚棹录〉兼感吴下旧悰绝句十八章》有“山塘七里繁华梦，赢得姑苏一炬红”句，他在自注中记载了曾祖父俞樾的见闻，云：“先曾祖曲园公自述诗云：‘停桡宝带桥边望，已见姑苏一炬红。’盖记咸丰庚申四月初四日事也。诗中未详焚毁缘由，据柯悟迟《漏网喁鱼集》云：‘初四午后，有溃兵二十余人，皆骑马，手执令箭，口称：汝等快些搬运，马大人(清提督马德昭)兵到，要扎大营，即刻放火了。人皆措手不及。黄昏一路投抛火药包，山塘中市数处火起，南北濠、上下塘处处燃烧，光焰蔽天，上下通红……竟延烧三昼夜，城外房屋已去其半，未经焚烧之屋，至初六，亦被土匪一扫而空。’此当时记载，且言之其详，盖得其实矣。”

幸赖苏州里人顾禄将昔日山塘盛况采辑记录下来，撰成《桐桥倚棹录》。全书分山水、名胜、寺院、祠宇、冢墓、塔院、义冢、坊表、义局、会馆、汛地、堤塘、溪桥、场弄、第宅、古迹、市廛、工作、舟楫、园圃、市荡、药产、田畴等二十三类，共十二卷，详细记载虎丘、山塘一带的繁华景象。顾禄有别墅在虎丘，书中记述的内容，均为实录，他在此书《凡例》中说：“是书皆躬自采访，山前山后，雨风无间，或挈舟访古，或载笔讨今，抑且询诸父老，证以前闻，始采入集。”此书刊刻于道光二十二年(1842)，书版在太平天国时代的战争中已焚毁，印行很少，“沉霾百年”(顾颉刚《题识》语)，1954年经目录文献学专家沈燮元先生的介绍，孤本乃为著名历史学家顾颉刚先生收藏。是书很多内容，“志”皆缺而不载，有着极为重要的文献价值，我们凭借是书，还可以一睹虎丘、山塘昔日之风采。

俞平伯先生有感于此书的珍贵，赋诗十八首，即《题顾颉刚藏〈桐桥倚棹录〉兼感吴下归悰绝句十八章》，赞美《桐桥倚棹录》、作者顾禄和收藏者顾颉刚。今选读其中的二首：

其一

茶磨山人倚棹编，阊西风物庶其全。

争教人不鸥波想，待续吴舲话雨缘。

其十七

梓乡文献费搜寻，夙稔君家雅意深。

盼得流传人快读，岂惟声价重鸡林。

第一首赞顾禄，也赞《桐桥倚棹录》。顾禄，自号茶磨山人，他编成这本书，采用唐代诗人李嘉祐“春风倚棹阖闾城”的诗意，作为书名。桐桥，跨桐溪，一名胜安桥，在山塘，以此冠于书名前，标志着是书专门记载虎丘、山塘一带的风物。次句概括全书的内容，说山塘街、阊西风物，庶几齐全。诗的后半首，写《桐桥倚棹录》一书的读后感。人们感受到昔日山塘的风采，怎能不令人产生泛舟山塘的遐想，继续着先辈们的画舫话雨的雅举呢？“争教”，即怎教。吴舲话雨，诗人于诗下自注：“先君子与章式之、邓孝先、赵君闳诸丈有《吴舲话雨图》。”结句意谓将效学先辈画舫话雨。这一切诗意，都是从书名“倚棹”生发出来的。

第二首赞收藏者顾颉刚，诗人称赞顾老费心费力收集苏州地方文献，素来熟悉顾老崇尚文史的雅意。看到顾老这部稀世孤本，希望能早日刊印，流传人间，让大家一读为快，岂但让它在国外的声价很重。“鸡林”，古国名；“声价重鸡林”，用白居易诗名重鸡林的典故。元稹《白氏长庆集序》：“鸡林贾人求市颇切，自云本国宰相以百金换一篇。”诗人于全诗下还有一段称赞顾老的自注：“颉刚兄访求遗逸，素具热肠，珍本不以自閟，斯编闻将谋重刊流通云。”赞誉之心，溢于言外，而诗人“盼得流传”的愿望也成事实，上海古籍出版社出版了王湜华的点校本，《苏州文献丛钞初编》亦收录是书，《桐桥倚棹录》今已广为流传，人人得而读之，亦一快事也。顾老“不以自閟”的高风亮节，不仅让我们苏州人感到自豪，也是全国学人崇文的榜样。

藏书如痴　校订精善

叶昌炽(1847—1917),长洲(今江苏苏州)人,长于金石、版本之学,所著《藏书纪事诗》,记载的都是我国藏书家的故事。其中有一首吟咏黄丕烈的诗,云:

得书图共祭书诗,但见咸宜绝妙词。
翁不死时书不死,似魔似佞又如痴。

黄丕烈(1763—1825),清代苏州藏书家中的佼佼者,字绍武,号荛圃,又号复翁,长洲(今江苏苏州)人。清乾隆五十三年(1788)举人,没有考取进士,父亲为他捐得六部主事一职,但他无意仕进,弃官归里。好藏书,精于校订,一生批校、题跋过数千种古籍(备见于《士礼居藏书题跋记》、《续记》、《再续记》、《百宋一廛书录》、《荛圃藏书题识续录》、《再续录》等书中)。工诗,与里人石韫玉等人办问梅诗社,多与名流唱和,率性佳作,留有《士礼居诗钞》、《虎丘唱和诗集》等书。生平事迹见《清史列传》、《苏州府志》,江标有《黄荛圃先生年谱》。

叶昌炽吟咏黄丕烈的这首诗,写得通俗明白。首句“得书图”,黄丕烈每次购得奇书,便请人绘图,征人写诗,有《得书图》、《续得书图》、《再续得书图》,今已散佚。“祭书诗”,黄丕烈仿效唐代诗人贾岛得诗祭之的雅举,首开祭书之礼,在士林中很有名气。每年年底,他将自己心爱的书,陈列案头,然后行大礼参拜。顾广圻《士礼居祭书诗》说:“归家倏忽岁将除,析简频邀共祭书。君作主人真不忝,我称同志幸非虚。”参加过他祭书之礼的人很多,这正好是众多藏书家交流经验、互通信息的一次聚会。次句说,“得书图”大多散佚,我只见过《玄机诗思图》,是为购得《咸宜女郎诗》而作。诗的后二句,形容黄丕烈痴迷于书的情状,将他的性格特征写得淋漓尽致。“翁不死时书不

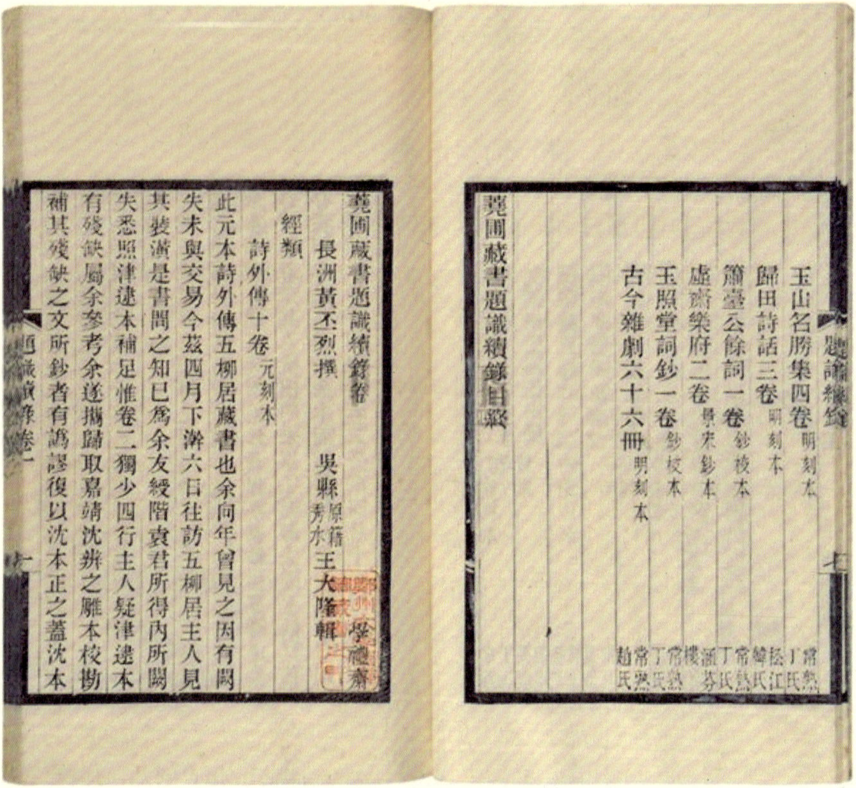
蕘圃藏書題識續錄目錄

玉山名勝集四卷 明刻本 常熟丁氏

歸田詩話三卷 明刻本 松江韓氏

簫臺公餘詞一卷 鈔校本 常熟丁氏

虛齋樂府二卷 景宋鈔本 涵芬樓

玉照堂詞鈔一卷 鈔校本 常熟丁氏

古今雜劇六十六冊 明刻本 常熟趙氏

蕘圃藏書題識續錄卷一

長洲黃丕烈撰　吳縣原籍秀水王大隆輯

經類

詩外傳十卷 元刻本

此元本詩外傳五柳居藏書也余向年曾見之因有闕失未與交易今茲四月下澣六日往訪五柳居主人見其裝潢是書問之知已為余友綬階袁君所得內所闕失悉照津逮本補足惟卷二獨少四行主人疑津逮本有殘缺屬余參考余遂攜歸取嘉靖沈辨之雕本校勘補其殘缺之文所鈔者有譌謬復以沈本正之蓋沈本

黄丕烈《荛圃藏书题识续录》书影

死”句，从顾广圻《复翁诗》“复翁复生书不死”中脱化而来。“似魔”，像是中邪魔，顾广圻《复翁诗》记其事：“归来见面为我泣，益信于翁是知己。翁言病中前后事，卌日昏昏卧床第。”“似佞”，黄丕烈喜收藏宋版书，自称“佞宋主人”。清徐康《前尘梦影录》卷上：“乾嘉时，黄荛圃翁每于除夕，布列家藏宋本经史子集，以花果名酒酬之，翁自号‘佞宋主人’”。读叶昌炽诗，可知黄丕烈痴迷于书的程度。

黄丕烈喜欢收藏宋元版书、影钞旧本、名家手校本，得其书必题跋其上。范锴《花笑庼杂笔》卷三：“吴郡黄荛圃主政丕烈，藏书甚富，宋元版及影钞旧本，无不精善。”笔者因为要校注李长吉诗，在两种重要版本上获睹影宋本《李贺歌诗编》黄氏跋语云：“余藏唐人集不下百余种，旧刻名钞都备，即同一集而藏出之家有异，

亦在所收，故种更多也。顷书友邢益偕袖此旧钞《李贺歌诗编》一册遗余，识是冯氏藏书，检所藏尚缺此种，急收之。”“急收之”三字，流露出他欣喜若狂的心态。又，蒙古本《李贺歌诗编》黄氏跋语云：“余去年得何义门手校者，始知世有其书，诸家藏书目未之载也。”他熟悉各种版本和各家藏书的情况，所以能马上作出评判。又，1983 年，我为中华书局点校周密《癸辛杂识》，得见明人冯梦桢的“写校本”，上有黄丕烈批语，云：“书以旧刻名钞为胜，岂不信然！”这里，仅举笔者经目的几条黄丕烈批语，足以见出黄丕烈在收藏、校刊我国古籍方面的杰出贡献，特别是因为他见多识广，所作跋语识见卓绝，评判精当。

松麟义庄旧址（黄丕烈故居）

黄丕烈曾多次搬家，最后定居古城东悬桥巷。他在这里购贮古籍，日夜雠校，研索订正；接待四方名宿，研讨学殖。近年来，政府已按“尊重历史，修旧如旧”的原则，将这座清中期古建筑重修竣工。可是，人去楼空、书帙散尽，人们只能环顾四壁，去追念、怀想这位曾为保藏书籍作出巨大贡献的藏书家的风采。他的所有著作，将由版本目录学专家沈燮元先生重行辑校，交付中华书局出版。沈先生长期供职于南京图书馆，现在虽已到耄耋高龄，却仍然活跃在版本目录学界，令人钦佩。

一幅画牵两岸情

2010年3月14日上午，国务院总理温家宝在人民大会堂，与采访“两会”的中外记者会面，在回答台湾记者提问时，他动情地讲述了传世名画黄公望《富春山居图》的故事。温总理有感于《富春山居图》分藏两岸的事实，发出了“画是如此，人何以堪”的感叹，并提出让这幅名画“旷世合璧”，以象征两岸和平统一的美好愿望。

温总理的愿望很快就实现了。在获得台北故宫博物院授权的基础上，进行真迹复制，将现存台北故宫博物院的《富春山居图》“无用师卷”和浙江博物馆收藏的“剩山图卷”，按照1∶1的比例，顺利完成“山水合璧”。欧阳中石先生看到“合璧图”后，在画卷上题写一诗：

富春秾秀黄公笔，正是天人造化功。
盛谢雕龙合璧手，山河一脉自融融。

欧阳中石(1928—)，山东泰安人，当代著名书法家。他在题诗中称赞这幅高仿品《富春山居图》笔墨秾秀，确似黄公望的手笔，正是出自运用造化功夫的名画家之手。“天人”，指出类拔萃的人，语出《三国志·魏志·阮瑀传》裴松之注引《魏略》：“(邯郸)淳归，对其可知叹(曹)植之材，谓曰‘天人’。”第三、四句，诗人盛赞仿制“合璧图”的人具有“雕龙”的能力，他们使黄公望的两段山水画合璧，也使祖国河山一脉相通，自是和乐融通。“雕龙”，比喻擅长文辞技巧，《史记集解》引刘向《别录》：“驺奭修衍之文，饰若雕镂龙文，故曰雕龙。”

除了复制真迹以外，邮电部门还出版发行了以《富春山居图》为主要内容的邮票；浙江邀请两岸知名画家到富春山临摹《富春山居图》；台北故宫博物院和浙江省博物馆分别携带馆藏之《富春山居图》，至两地进行合璧展览。温总理的愿望，正以多种方式实现着。

富春山居图

黄公望这幅《富春山居图》与苏州有密切关系。首先，黄公望是苏州人。黄公望（1269—1354），本姓陆，名坚，出生于苏州常熟，因过继于永嘉黄氏，改名公望，字子久，号一峰、大痴道人，擅画山水，喜用浅绛，以雄浑见胜，与吴镇、倪瓒、王蒙合称“元四家”。黄公望七十九岁的时候画成《富春山居图》，赠给好友“无用禅师”。明代成化年间，苏州画家沈周见过此画，非常喜爱，因而背临之，作《仿黄公望富春山居图》，今藏北京故宫博物院。署款曰：“成化丁未中秋”。丁未，明宪宗成化二十三年(1487)。石田此画，虽是仿品，然而它的布局构图、笔墨技法、物象造型，均接近原作，深得大痴神髓。后来，《富春山居图》辗转到了宜兴吴洪裕手中，入藏吴氏云起楼。吴洪裕极为爱赏此画，达到痴迷的地步，临终时，竟将此画投入火中焚烧，实行“火殉”。清代著名画家恽寿平的《南田画跋》真实地记录了当时的情景：

吴问卿生平所爱玩者有二卷，一为智永《千字文》真迹，一为《富春图》，将以为殉，弥留为文祭二卷。先一日焚《千文》真迹，自临以视其烬。焚《富春图》，祭酒而付火，火炽，辄还卧内。其从子吴静安疾趋焚所，起红炉而出之，焚其起手一段，余因问卿从子问其起手处，写城楼睥睨一角，却作平沙，秃锋为之，极苍茫之致。平沙，盖写富春江口出钱唐景也。

吴其贞《书画记》卷三也记载：

曩为藏卷主人宜兴吴问卿病笃焚以殉，其从侄子文佚问卿目稍他顾，将别卷从火中易出，已烧焦前段四尺余矣。

被焚的《富春山居图》，裂为两段，一段被称为“无用师卷”，归吴静安收藏，后入藏故宫，1948 年被运往台湾，现由台北故宫博物院收藏。一段称为“剩山图”，曾被古董商人吴其贞收买，他在《书画记》中记云：“其图揭下烧焦纸尚存尺五六寸，而山水一丘一壑之景，全不似裁切者，今为予所得，名为《剩山图》。”后来转辗到了苏州画家吴湖帆手中。吴湖帆经过很长时间的赏辨，断定这是黄公望《富春山居图》的前一部分《剩山图》，1956 年，他将《剩山图》出让给浙江省革命文物管理委员会，终于入藏浙江省博物馆。

一幅《富春山居图》，为元代苏州画家黄公望所画，经明代一位苏州画家沈周背临，到清代被人焚成两段，一段入藏台北故宫博物院，一段又到了近代苏州画家吴湖帆手中，最后入藏浙江省博物馆。一幅画牵动两岸情，一幅画牵动几代苏州画家的心，真可称是画坛奇缘。

三代名人题一画

为画题诗，是诗画界常见的事，不稀罕，而由祖孙三代名家，共题一画，共赞一位画家，这实在可算是文坛盛事。这件盛事，就发生在苏州。

明英宗天顺三年(1458)，苏人刘珏在山西任职，当地僧人西田上人到他的住处来寻访，乞诗画。刘珏便将自己住处“清白轩”画成图，赠给友人西田上人。“清白轩”，取刑部官员清正廉洁之意。《清白轩图》，今藏中国台北故宫博物院。画幅中央，高峰耸峙，山崖用枯笔淡墨，作长披麻皴，浓墨画矾头、点苔，雄浑苍润。山麓筑临溪水轩，轩中一人与僧人对坐闲谈，当即画家自己与西田上人。山崖与下部用浓墨画成的树木相映发，构成全图清静深幽的意境。画幅左上方，画家自题一诗：

水阁焚香对远公，万缘都向酒边空。
清溪日莫遥相望，一片闲云碧树东。

刘珏(1409—1472)，字廷美，号完庵，长洲(今苏州)人。正统三年(1438)举人，官至山西按察使佥事。挂冠归甲，卜筑“小洞庭”以养老。老而嗜学不倦，工诗文，长于律体，人称“刘八句”。善书画，王稚登《吴郡丹青志》论其画：“写山水林谷，泉深石乱，木秀云生，绵密幽媚，风流蔼然，高者攀鳞巨老。”今存画作《清白轩图》、《夏云欲雨图》、《山水图》等。

画幅上还有刘珏的题跋：“戊寅孟夏朝日，西田上人持酒肴过余清白轩中，相与燕乐，恍若置身埃壒之外。酒阑，上人乞诗为别，遂援笔成此以归之。先得诗者，座客薛君时用也。彭城刘珏识。”“戊寅”，即天顺二年(1458)，“朝日”，古代帝王听朝之日。“彭城”，刘珏之郡望。

刘珏《清白轩图》（局部）

题诗首两句，写两人水阁对酒，水阁里焚着香，与西田上人饮酒闲谈，酒边万事俱空。“远公”，晋僧慧远，居庐山东林寺，这里借指西田上人。后两句，写西田上人归去。傍晚时，隔着竹溪遥遥相望，看着西田上人远在碧树之东。“日莫”，日暮。“闲云”，指西田上人，人称僧人、道士为“野鹤闲云”。画幅上还有许多友人题诗，尤其值得珍视的是沈家祖孙三代人在画上的题诗。沈澄题诗云：

十里东风吹暮春，方袍来贺锦袍新。
闲花尽笑忘形醉，谁道山僧是故人。

署款云：“八十三翁沈孟渊。”沈澄，沈周的祖父，字孟渊，号介庵、绲庵，工诗，善绘画。题诗表现画上主人与僧人欢宴情事。首句点时，时当暮春时节。次句写僧人来贺主人。“方袍”，僧人的服饰。第三句写两人共醉，清白轩周边的“闲花”都富有人情味，笑两人醉后忘形失态，结句点出主人与僧人是老朋友。沈澄是刘珏的长辈，题诗写得很直率，不拘一格。

沈恒吉的题诗云：

十载天涯作宦游，黄尘飞满紫貂裘。
归来不叹长途险，犹写关山万里秋。

署款:“吴兴沈恒吉”。沈恒吉(1409—1477),又名沈恒,号同斋,沈澄的次子,沈周之父。吴兴乃其祖籍。沈恒吉隐于乡里,风韵高逸,工诗画,徐沁《明画录》:“画山水,师杜琼,劲骨老,思溢出,绝类黄鹤山樵一派。”沈恒吉与兄贞吉自幼与刘珏为伙伴,一起从学于陈继门下。题诗从刘珏的宦游生活契入,说他归来时风尘仆仆,尘满紫貂裘,不事休憩,不感叹旅途艰险,创作激情依然旺盛,犹自挥毫绘写万里关山的秋景。“黄尘”句,由陆游《诉衷情》词“尘满归貂裘”句翻出。沈恒吉用叙事的笔触,写刘珏宦游之艰辛,钟情山水画的雅意,诗思完全从画面拓展开去,表现刘珏热爱北方万里关山雄奇壮伟的自然风光,揭示出刘珏绘画艺术的审美特征。

沈周的题诗云:

归逝诗酒少刘公,人已寥寥阁已空。

仙鹤归来还感慨,只应此地是辽东。

沈周署款云:“完庵书画,物故久矣。沈周后戊寅十七年,岁在甲午,用韵题于观感间。”甲午,明宪宗成化十年(1474),即刘珏去世后两年。“用韵”,指用刘珏题诗的原韵。首二句,追思父执刘珏,“刘公”,即刘珏。刘珏已死,故曰“阁已空”。三、四句,借用《搜神后记》的典故,感叹物是人非。传说丁令威本辽东人,离家学道,千年后化鹤归来,故乡人事已非旧观,沈周借此以怀念刘珏。

刘珏与沈家祖孙三代关系密切,往还频仍,他与沈恒吉还是儿女亲家,沈周的姐姐是刘珏的儿媳。因此,《清白轩图》以及祖孙三代的题诗,恰恰成为沈、刘两家交谊深厚的历史见证。

甪直闲吟满清气

2007年，我去北京开会，中华书局文学编辑室俞国林先生送我一本王湜华的《音谷谈往录》。湜华先生是苏州著名历史学家王伯祥的儿子。音谷，是他的号。这本书专门谈他与父执辈交往的一些旧事，所以称为“谈往录”，文章论述他们，怀念他们，记下许多品学高尚的学者对自己的呵护和教导，记下自己对尊长师友的敬仰深情。书中“叶圣陶”一条中，载有《甪直闲吟图》，是陈从周先生应王湜华之请画成的，还有一段记载作画本事、请人题记的文字，文情并茂，我读后感到非常亲切，这大概因为我是甪直人，对家乡的文物倍为关切的缘故吧！

从周先生的《甪直闲吟图》，今存王湜华先生处，已装裱成长卷。

陈从周《甪直闲吟图》

画幅左侧画土山、坡岸，临水有草庐、水榭，绿树丛中隐现保圣寺一角，“于一片碧树中，特露出保圣寺之一顶，以存积念”（顾颉刚《题记》语），画幅右下方大片露白，以状粼粼水波。图用浓淡相间的水墨画成，雅致喜人。吕贞白先生在画幅上题写一首长诗，请顾廷龙先生题写引首，因篆书里无“甪”字，乃改写成“甫里闲吟图”，又先后请顾颉刚、叶圣陶、俞平伯、章无善、袁行云、夏承焘、谢刚主、钱仲联、王西野诸先生题诗、跋，将长卷白尾几乎题满。钱钟联先生《题从周甪直闲吟图》，是两首绝句诗，近时出版的《梦苕盦诗文集》也收录了这两首诗，诗云：

名蓝古佛好风标，诗境天随未觉遥。
他日东吴添故事，吟声曾答寺钟敲。

当日高歌有鬼神，湖山清气此中人。
岩花想像飘檐际，犹是书堂旧日春。

题诗咏唱昔日王伯祥、叶圣陶、顾颉刚交往的情谊，直叩“甪直”、“闲吟”题意。第一

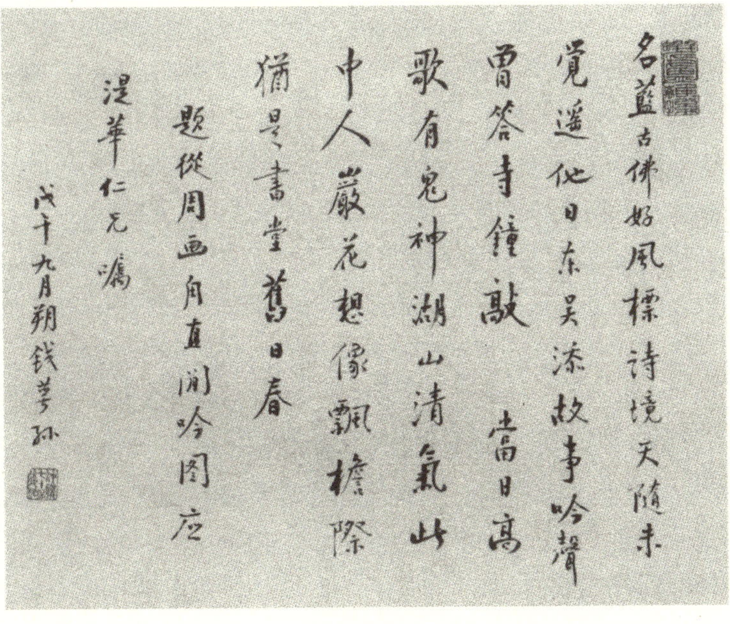

钱仲联手迹

首，“名蓝”，指保圣寺，“蓝”，伽蓝的省称，即寺院，杨衔之有《洛阳伽蓝记》。古佛，指保圣寺古罗汉像。诸公昔日闲吟，诗境可以直追陆龟蒙。“天随”，即天随子，陆龟蒙的号。闲吟的吟声应和着寺院的钟声，日后可以成为东吴文人雅集的故事。第二首，先说当日诸公高吟，惊动了鬼神，诸公钟毓湖山清气。诗句概括了杜甫“笔落惊风雨，诗成泣鬼神”（《寄李十二白二十韵》）的诗意。诗的后两句说，想象桂花在檐边飘落，还是当时书堂的一番馨和景象。本诗文字据手迹过录。“此中人”，集改作“画中人”；“添故事”，集改作“添掌故”，应是诗人后来付梓时改动。

湜华先生在文中论及顾颉刚先生认真写作题记的情况：“他详细追述了有关甪直的种种往事，主要还谈了考证保圣寺罗汉的详细经过。”这段往事，在《顾颉刚全集·宝树园文存》卷五有全文叙述，《为杨惠之塑像问题题陈从周君所绘甪直闲吟图》追述自己初游甪直保圣寺发现杨惠之塑罗汉像的经过，后来向全社会呼吁保护唐塑，并多方收集资料，意欲证实保圣寺罗汉为杨惠之所塑，前后为此而写出六篇文章：《记杨惠之塑罗汉像——为一千年前的美术呼救》、《杨惠之的塑像（一）》、《杨惠之的塑像（二）》、《杨惠之塑像续记》、《四记杨惠之塑像》、《五记杨惠之塑像》。但是，他经过周密而详尽的考证之后，在1961年写的《题甪直保圣寺唐塑一览赠伯祥》一文中，作出“此像经刚（颉刚一名的省称）考证，实为北宋人所塑”的结论，又在1977年写的《为杨惠之塑像问题题陈从周君所绘甪直闲吟图》一文中，作出“保圣寺罗汉像诚不出杨惠之手”的结论，推翻自己数十年前的观点，并趁着为陈从周《甪直闲吟图》作题记的机会，“因竭数日力，将数十年来胸中块磊一吐，以质正于同人”。

短文写到这里，油然生出两点感想：其一，历代苏州文人雅集，常常赋诗作画，题写诗跋，记载当日盛况，一件卷子，留存了许多文化名人的墨迹和心迹。直到近当代，这种风气还传存着，陈从周《甪直闲吟图》以及诸名家的诗、跋，便是一个很典型的例子。愿这种风尚能长久地传承下去。其二，顾颉刚先生不顾84岁的高龄，写出了3000多字的题记，为自己数十年前的观点作辨正，从确认杨惠之塑造甪直保圣寺罗汉像，到最后否定自己的观点，他跋涉在拨开迷雾、去伪存真的学术道路上，反映出史学家顾颉刚先生求实探真的可贵精神和科学态度。苏州地方的历史遗存和文化积淀极为丰厚，当我们在清理、扬榷传统文化的时候，特别需要学习顾老那种一丝不苟的文化自觉精神。

桃花庵里仙人　吟唱桃花庵歌

苏州"桃花坞",素负盛名,早在宋代,这个地名就出现在范成大的诗篇里。石湖在《阊门初泛二十四韵》的小序里说:"淳熙丙午重九后十日,家人辈以余久病,适新修小舫,劝扶头一出,以禳祓屯滞。遂至北城检校桃花坞,出关傍漕河望枫桥、横塘,中路而还,故有即事咏景唐律之作。"诗云:"桃坞论今昔,枫桥管送迎。"

据徐大焯《烬余录》记载,宋时桃花坞范围极大:"入阊门河而东,循能仁寺、章家巷河而北,过石塘桥出齐门,古皆称桃花河。河西北,皆桃坞地。"旧有章粢别墅,占地很广,广植桃李,至明代早已废弃。唐寅卜筑桃花之坞,因资财匮乏,只购得章园之一角,营建桃花庵、学圃堂、梦墨亭、读书阁等,遍植桃花和其他花木,接待友朋,吟啸其间,他也因此而自号"桃花庵主"。他写《姑苏八咏》(一作《姑苏八景诗》),其中一首,题咏的便是"桃花坞",诗句是这样描写的:"花开烂熳满村坞,风烟酷似桃源古。千林映日莺乱啼,万树围春燕双舞。"(袁宏道评曰:"'围春'二字妙。")由此可知他卜居桃花坞的真正原因。挚友祝允明《唐子畏墓志铭》云:"治园舍北桃花坞,日般饮其中,客来便共饮,去不问,醉便颓寝。"袁袠《唐伯虎集序》也说:"筑室桃花坞中,读书灌园,家无担石,而客尝满座,风流文采,映照江左。外若奢汰,而中慕沉元,勤究内典,旁精绘事。袠童时尝获侍高论,接杯酒之欢。"唐伯虎的很多诗,都写在桃花庵中,如《桃花庵与允明黄云沈周同赋五首》、《桃花庵与希哲诸子同赋》。

唐寅像

唐伯虎在桃花庵中写的诗，最富有特色的便是《桃花庵歌》，诗云：

唐寅故居

桃花坞里桃花庵，桃花庵里桃花仙。
桃花仙人种桃树，又摘桃花换酒钱。
酒醒只在花前坐，酒醉还来花下眠。
半醒半醉日复日，花落花开年复年。
但愿老死花酒间，不愿鞠躬车马前。
车尘马足贵者趣，酒盏花枝贫者缘。
若将富贵比贫者，一在平地一在天。
若将贫贱比车马，他得驱驰我得闲。
别人笑我忒风颠，我笑他人看不穿。
不见五陵豪杰墓，无花无酒锄作田。

周道振《唐伯虎全集》于本诗题下注："拓本有'弘治乙丑三月'。"乙丑，即弘治十八年。周道振、张月尊编撰《唐伯虎年表》云："弘治十八年乙丑，三月，桃花坞小圃桃花盛开，作《桃花庵歌》。”这一年，上距唐寅科场遭诬仅六年。

这首长歌共二十句，用宽韵下平声一先韵，一韵到底，从内容着眼，可以分为两个层次。首句至“不愿鞠躬车马前”句为第一层，重在描写自己在桃花庵里的生活、神态和心境。十句诗，无非写二个字。一写“仙”，诗里的“桃花仙人”，就是诗人自己。唐寅自从经历会考案打击以后，将人生视为虚幻，淡泊名利，追求清狂超逸的生活，希望能成为远离尘世的神仙。他在《感怀》诗里说道：“万场快乐千场醉，世间闲人地上仙。”正是自身写照。《桃花庵与祝允明唐云沈周同赋五首》：“四姓号神仙。”四姓，正指祝、唐、沈和自己，号称神仙。他画过一幅《湖山一览图》，在自题诗里说：“此际栏干能独倚，分明身是试登瀛。”他想登上瀛洲仙山，摆脱尘世的烦恼。乾隆帝读了他的画和诗，看透了画家的心思，和

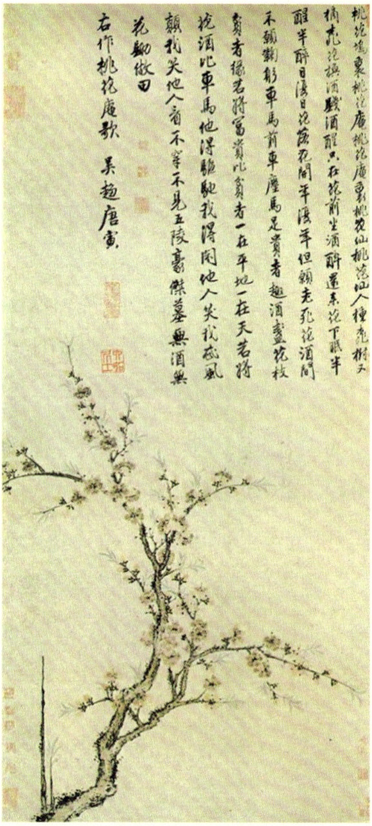

唐寅《桃花庵图》

诗说：“自是远离尘俗地，画家何乃羡登瀛。”伯虎在别人的眼里，不是个隐者，却是神仙。《西洲话旧图》题诗云：“众人疑道是神仙。”一写“酒”。短短几句诗里，出现了五个“酒”字。唐寅嗜酒，他常常借酒浇愁，排遣心头的郁闷。诗人说，摘了桃花换得酒钱，酒醒的时候，坐在桃花前，酒醉的时候，便睡在桃花下，他愿意老死在“花酒”间。这种思想，贯穿在他的许多诗篇里，《把酒对月歌》：“我也不登天子船，我也不上长安眠，姑苏城外一茅屋，万树桃花月满天。”此即“老死花酒间”的意思。《花下独酌》：“人生不向花前醉，花笑人生也自呆。”他总结自己一生傲世嫉俗的襟怀时说：“醉舞狂歌五十年”（《西洲话旧图》题诗）。酒醉长舞，兴酣狂歌，也离不开“酒”字。

从“车尘马足贵者趣”以下至结句，是第二层次，就“富贵”和“贫贱”二者大发议论。他认为富贵者在天上，享受轻车肥马的乐趣，终生奔忙驰驱；贫贱者在平地，与酒盏与花枝有缘分，终生闲适自在。别人笑我疯疯癫癫，我却笑人看不破红尘。他告诫富贵者，君不见富贵人家的墓地，无花无酒，翻锄作耕地，到头来一场空。他在对贫穷生活的描述里，流露出惆怅的无奈心绪，在旷达傲世的言辞中，表达出磊落的人格精神。

全诗在三月桃花盛开时写成，又以桃花绾带全篇，始终紧扣诗题“桃花庵”，写出自己的人生感叹。诗采用歌行体，自由纵放，语言通俗易懂，接近白居易“俗”的风格，连乾隆皇帝也看出来，他在《桃花坞》诗里说：“春日桃花满坞坡，六如图尚有遗诗。长歌拟仿乐天白，白俗谓他信过之。”《明书·唐寅传》：“始为诗，奇丽自喜，晚节稍放格谐俚俗，冀托以风人之旨。”《桃花庵歌》正是这种“放格谐俚俗”的诗篇。

桃花坞里桃花庵，桃花庵里桃花仙，仙人就是唐寅，他咏唱《桃花庵歌》，寄托着才华横溢的艺术家仕进无望、人生虚伪的精神世界。

云烟弃未过眼　书画永传人间

苏州著名书画收藏家顾文彬作《哭三子承诗》绝句四十首，悲伤沉痛，感人肺腑。其中有两首诗与过云楼及《过云楼书画记》有关，撷出与读者共赏。其十五：

邻居新拓屋东头，预筑幽楼待息游。
手阑高低两重屋，艮庵相对过云楼。

顾文彬（1811—1889），字蔚如，号子山、紫珊，晚号艮庵，元和（今苏州）人。道光十一年（1831）举人，二十一年进士，官刑部主事，升员外郎，出任湖北汉阳府，补浙江宁绍台道员。喜收藏法书名画，筑怡园以自娱，工诗书，擅倚声，著《过云楼书画记》、《眉绿楼诗》、《眉绿楼词》。

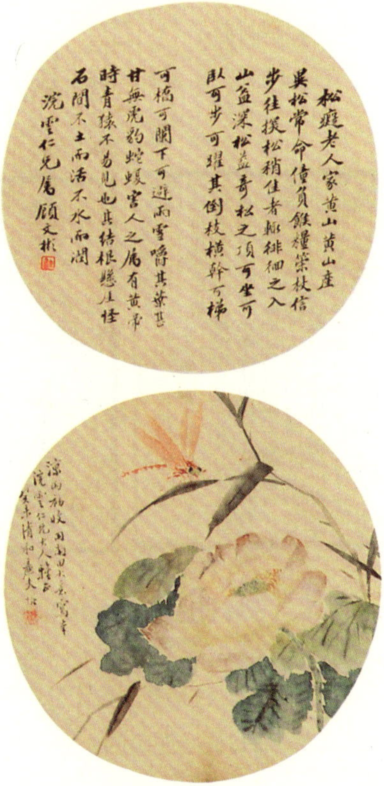

顾文彬书画

为什么在哭念儿子的时候，要提到“两重屋”？因为建造过云楼时，顾文彬正在浙江宁绍台道员任上，建造过云楼的重任，就落在他的第三子顾承身上。顾承费出心力甚多，如负责设计、物色监工、抱病采购建材等。“手阑”句，正是父亲对儿子的高度赞许。艮庵为前一进，平屋三间；过云楼为后一进，上下两层。两屋相连相对，艮庵后来成为顾文彬的书斋，他自号“艮庵老人”。过云楼专门用来收藏书画典籍。

其二十六：

图书藏弃过云楼，笔记编成付校难。
他日梓成见何及，空余卷尾姓名留。

诗下有附注：“余著《过云楼书画记》十卷，属其校勘，甫脱稿，尚未付梓。”“其”即指顾承。他在书后跋语中说：“右《过云楼书画记》十卷，余与三子所手定者也。”顾文彬著《过云楼书画记》，成书于壬午（光绪八年，1882），《哭三子承诗》写于此年仲秋，可见，顾承在协助父亲校雠完此书后才去世，所以顾文彬会发出“他日梓成见何及”的浩叹。

过云楼是苏州著名的藏书楼，经过几代人的努力，其收藏的书画、典籍数量多，质量高，为江南之冠，人称“江南收藏甲天下，过云楼收藏甲江南”。顾文彬在致三子顾承的家书中，自豪地说：“大江以南，推为收藏家第一，亦可当之而无愧矣。”就书画藏品而言，其言不诬。顾文彬之孙顾麟士在《过云楼续书画记·自叙》里说：“唐宋元明真迹入吾过云楼者，如千里马之集于燕市。”他说的完全是实话，只要读一读《过云楼书画记》、《续记》，就能明白顾麟士在《自叙》里对顾家藏品的价值评估，是很正确的。过云楼收藏的书画，可以定为人间至宝的，绝非少数。书法作品如《米题褚摹兰亭卷》、苏轼《祭黄几道文卷》，绘画作品如黄鹤山樵

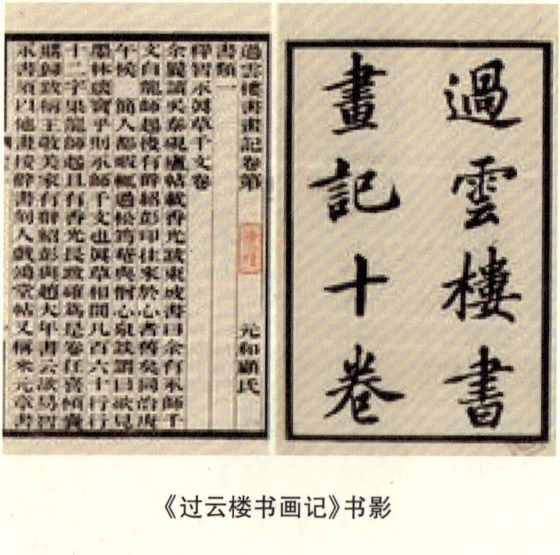
過雲樓書畫記十卷

《过云楼书画记》书影

《稚川移居图轴》(2011 年北京春拍会上,此件以 4.25 亿元成交)、《元赵天裕柯九思赵原顾定之张绅吴镇六家墨竹卷》(又称《七君子图》,估价超亿元)都是稀世珍品,价值连城。

顾文彬在《过云楼书画记·自叙》里说:“书画之于人,子瞻氏目为云烟过眼者也。”宋代周密记载经目之古器书画的专书,便命名为《云烟过眼录》。顾氏以此命名自己的藏书楼,从东坡之识也。然而,云烟并未过眼而逝,书画可以长存永传。对顾氏家族而言,过云楼收藏的书画珍品,后来都四散,像历史上许多收藏家的藏品一样,最终都会散佚,如“过眼云烟”。但是,顾家后人与先辈一样,爱护文物,他们一致认识到,私藏不如公藏。新中国成立后,他们纷纷将分属于自己的藏品无偿地捐献给国家。《七君子图》、《王石谷水竹幽居图卷》等 80 余件藏品,为苏州博物馆收藏,此由顾氏后人顾笃璜捐赠。《王时敏仿古山水画册》等八件藏品,为常熟博物馆收藏,此由顾氏后人顾榴捐赠。上海博物馆收藏 393 件书画,由顾家后人沈周樾及子女遵顾公雄遗言捐赠。这样一来,过云楼的书画藏品可以在国家博物馆得到妥善收藏和展示,永葆其艺术光辉。顾文彬、顾麟士祖孙可以在九泉之下瞑目矣。

四 梅图阁　珍藏名画

苏州历代盛出书画家，尤其是明清时代，更是盛况空前，成为当时全国书画艺术的中心：“明四家”全是苏州人；“清初六大家”，除常州人恽寿平以外，也都是苏州人。书画艺术的空前繁荣，带来了庋藏书画风气的兴盛，藏家辈出，如潘奕隽的三松堂、陶樑的红豆树馆、陈壿的西畇草堂、翁心存的陔华吟馆、顾文彬的过云楼，他们为保护、存留祖国的优秀文化艺术遗产作出了巨大的贡献。

苏州书画收藏家收藏的宋代扬无咎的《四梅花图》（又名《四清图》），一直完好地保藏到今天，可以说是一个最为典型的例证。扬无咎（1097—1169），宋代著名画家，字补之，号逃禅老人，江西清江人，寓居豫章（今江西南昌）。工书善画。他受范仲淹曾孙范直筠（字端伯，

未开

欲开

盛开

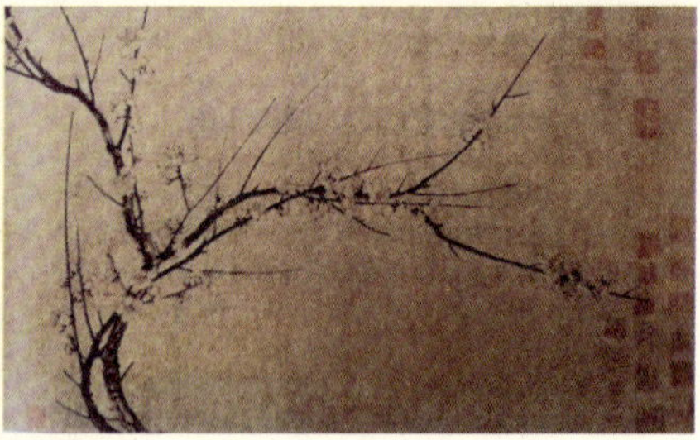
将残

扬补之《四梅图》

吴县人)的约请,画四株梅,一未开,一欲开,一盛开,一将残,并为四梅各赋《杨柳青》词一阕,刘克庄评曰:“墨梅擅天下”,“词画既妙,而行书姿媚精绝”(《后村先生集》)。扬无咎是我国墨梅的开派祖师,他的墨梅作品,素为后代画家珍视。

请先读一读戴熙的《题四梅阁图》绝句:

搜罗名绘阁藏之,更种梅花好护持。
数点空香本无迹,天闲万马是吾师。

戴熙(1801—1860),字醇士,号鹿床居士,钱塘(今浙江杭州)人。官至兵部侍郎,因直言忤帝,被黜归。兼工书、诗、画,擅山水,“笔意师法耕烟”(秦祖永《桐阴论画》),著有《习苦斋画絮》、《题画偶录》,阐发精深的画学思想。这首诗,首二句高度赞扬潘遵祁建阁藏画的艺术创举,他更是别出心裁,于阁的周边种满梅花,让梅花花神来护持珍贵的梅花图。后二句,由梅花图生发出戴熙的美学追求,说扬画点点疏花,稀空冷香,挥洒毫无痕迹,启示我作画时,艺术构思须如天马行空,真切地表达出自己自由驰骋的审美理想。

戴熙为潘遵祁作画题诗,有着很深的文化背景,它牵涉到宋代名画家扬无咎《四梅花图》的收藏、传存状况。关于此事,顾文彬《过云楼书画记》曾有过记载:

卷为潘西圃编修家藏物,尝以“四梅花”名其阁,近岁始归于余……是卷据周密《烟云过眼录·天台谢奕修养浩斋所藏扬补之四清阁》入录。奕修官待制,为密庵之子。密庵名采伯,谢后之诸父也,见《癸辛杂识后集》。

这段文字说明,扬无咎的《四梅花图》本为苏州范家旧物,后为天台人谢奕修所收藏。元代柯九思见过此画,并追和其词。(见汤垕《画鉴》)明人郁逢庆、朱存理也都见过此画,《郁氏书画题跋记》、《铁网珊瑚》都有著录。清代康乾时,归宋荦旧藏,后散出,被潘世璜的岳父购得,后归潘遵祁收藏,特地筑“四梅花阁”,专门庋藏稀世名画《四梅花图》。专以一阁收藏一画,这在苏州乃至全国,实属罕见,足见潘遵祁珍重祖国文化的严肃态度。潘遵祁字觉夫,号西圃,吴县人,道光二十五年(1845)进士及第,二十七年授编修。顾文彬题跋中所谓的“潘西圃编修”,便是潘遵祁。后来《四梅花图》归顾家收藏,所以顾文彬将它录入《过云楼书画记》,并详加考索,理清此图的流传脉络。新中国成立后,顾家后裔将大部分书画捐献给国家，《四梅花图》也入藏北京故宫博物院，使得这幅八百多年前创作的名画风采依旧，长久地存留于人间。潘遵祁保护文物的真诚心意，赢得同时代画家戴熙的高度赞赏，特意为他画了幅《四梅阁图》，并题一诗，加以颂扬。

一幅《四梅花图》，牵动了无数苏州人的心，为之爱赏，为之珍藏，生动地反映出苏州人爱护文物的优良传统和文化自觉精神。这种传统、这种精神，值得继承和弘扬，传之千秋万代，永不休止。

催诗索画来深山

明朝初年，苏州有四位才子——高启、杨基、张羽、徐贲，他们工诗文，善书画，常常聚集在一起，谈诗论文，切磋书画艺术，交往甚密，声名相齐，人称“吴中四杰”。李调元《雨村诗话》卷下：“明诗一洗宋、元纤腐之习，逼近唐人，高、杨、张、徐四杰始开其风，而季迪究为有明冠冕。”季迪，即高启，明诗第一人。

徐贲《溪山图》

高启曾为徐贲《溪山图》题过诗，此图今藏美国克利夫兰美术馆。画幅上，画家自题一诗，又有高启等四人题诗，提升了这幅画的艺术品位。《溪山图》运用了高远法构图，画幅上重山叠嶂，高峻入云，飞瀑直泻，清水回流，有楼阁数重，隐现于山谷松林间。山石用细密的披麻皴画成，或点苔，或缀树，参差错落，显得很是浑厚苍润。树木简笔勾干，圈叶、点叶并用，很茂密，茂林阴翳，令人生出尘之想。山麓有茅屋一座，绕以竹篱，掩映于绿树之间，一人伫立篱前，一僮回身报信。画幅构图紧密，用笔细劲，墨色浓淡相间，境界幽深。

徐贲（1335—1393），字幼文，号北郭生，祖籍四川，后迁居长洲（今苏州），洪武中，被荐入朝，官至河南左布政使，因军队过境犒赏失时，下狱死。工诗、善画，擅画山水。有《北郭集》。存世名画还有《蜀山图》。

画幅上方，高启题诗云：

满壑春阴满涧苔，茶烟起处薜帷开。
山童频报敲门客，总为催诗索画来。

高启（1336—1374），字季迪，号青丘子，长洲人，洪武初，应召纂修《元史》，援翰林院国史编修官。擢户部侍郎，高启恳求辞官，归故里。后为苏州知府魏撰写《郡治上梁文》触怒朱元璋，被处以腰斩极刑。高启工诗文，诗风清新雄健，高华俊逸，著有《高青丘集》。

题诗从画面切入，先写画面景色，树木茂盛，带来满壑春阴，溪涧长满苔藓。次句从画面茅屋立意，说茅屋里升起茶烟，薜帷也敞开着。“薜帷”，用薜萝做成的帷幕，常被用为隐士居处的饰品。第三、四句，从画面的山僮、客人立意，写出人物活动的目的，山僮向主人报信，说客人为催诗索画而来。第三句着一“频”字，点明来访的人很多，山僮频频向主人报信。“总为”，点明客人来访的雅意，他们不是为俗事，总为向主人催取题诗，索要画幅。全诗将画面景物和画外之意交糅起来表现，弥补绘画艺术的缺憾，充分发挥题画诗的艺术功能。

高启的题诗，告诉大家，画幅中茅屋的主人便是徐贲，他生活在僻静的溪山里，但并无闲暇，因为他的诗、画声名很大，客人们不怕山路崎岖，到此寻访，求诗求画的人络绎不绝。徐贲也就得不停地偿还诗债、画债，生活得很有意义。

索画，可以口头上索讨，也可以用诗来表达索画的意思，将自己对画幅的要求提出来，以便画家挥毫。这种文坛雅事，在苏州的文人圈中，是很盛行的。查为仁的《莲坡诗话》里，记载着一则越僧向沈周索画的故事：

越僧索画于沈石田，寄诗云：“寄将一幅剡溪藤，江南青山画几层。笔到断崖泉落处，石边添个看云僧。”石田欣然，画其诗意答之。

越僧是个懂画的人，他用诗向画家提出了对立意、取势、经营位置、形神气韵的要求。最后，沈周便根据他的诗意画成一幅画，赠送给他。王翚常常被人索画，大有“应接不暇”的态势。《清晖堂同人尺牍汇存》中收录了王翚八十一位友人寄给他的信函数百篇，大多数是向石谷索画的内容。仅此一例，足见苏州文坛中索画风气之盛。

秋林观瀑怡然乐

苏州博物馆收藏着一幅明代沈贞吉的《秋林观瀑图》，气势雄浑，情景交融，意境深邃，是一幅传世的艺术珍品。

沈贞吉《秋林观瀑图》

沈贞吉是谁？他便是苏州著名大画家沈周的伯父。沈贞吉（1400—?），又名沈贞，号南斋、陶然老人，长洲（今苏州）人。他的卒年无法确知，吴湖帆《秋林观瀑图》题记说“殁于成化末年”，未有确切年份。但在沈贞吉的《秋林曳杖图》上有“八十三翁沈贞吉”的署款，他的《自书行楷诗》亦有“八十三岁翁”的款记，可见沈贞吉的卒年必在八十三岁以后。他一生过着隐逸生活，性格风流潇洒，多才艺，通音律，工诗文，善书画，山水、人物、畜兽均擅。与弟沈恒吉（即沈周父亲）齐名。张丑《清河书画舫》说：“贞吉画师董源，可亚刘廷美。”廷美，即明初画家刘珏。现存沈贞吉的画作有《秋林观瀑图》、《听秋冷馆图》、《菖蒲图》、《竹炉山房图》等。沈贞吉一生长

寿，但传世的画作很少，这与他作画以自娱、甚自秘重的个性有密切关系。徐沁《明画录》记载："每赋一诗，营一障，必累月阅岁乃出，不可以钱帛购取，故尤以少得重。"

《秋林观瀑图》，画幅以云雾将山岩分为上、下两部。上部左侧画高峰耸峙，岩石以淡笔勾轮廓，用披麻状线条皴之，复以浓墨勾边，密密点苔，葱郁苍润，瀑流自岩石间向下倾泻。下部左侧，画瀑流自岩石间直泻深渊，云雾缭绕，上、下两部间的"空白"，给读画人以丰富的想象，想象飞瀑之无限高大，大有李白诗"飞流直下三千尺"(《望庐山瀑布》)的气概。下部右侧土石上，林木葱郁，树干苍劲有力，略加皴擦，树叶或圈线填色，或浓淡墨色点染，呈繁茂之状。树下两位老人立于平台上，正观瀑闲谈，人物衣纹洗练，面部、手部略施赭色，形神兼具，一老杖策翘首，一老仰首抬手，指点泉瀑。全图构图密中有疏，气势雄健，下面的人物与上面的泉瀑，遥相呼应，情融于景，笔墨工致沉着，有奇逸之趣。沈贞吉的笔墨，得法于吴镇，吴湖帆题记曾指出："山水宗法吴仲圭"，"(沈周)得其家学，自西庄(即沈贞吉)上溯仲圭也"。仲圭，就是元代画家吴镇，说明沈贞吉绘画的艺术渊源正在元人吴镇。画幅右上方空间，画家自题七绝一首：

秋林霜重叶痕斑，白发萧萧二老闲。

握手相逢无个事，不因论水更论山。

本诗用题画诗的常格写成，前两句写画面景物，再现画境。首句迅即着题，因秋深霜重，树叶又经霜而变成不同的颜色，秋林一片斑斓，很美。诗句直叩题面上的"秋林"。次句写画面上的二老。他们白发萧萧，闲逸无事，游山玩水，正在观看瀑流。诗句直叩题面上的"观瀑"。这两句用实笔，细致描绘画面景物和人物。第三、四句，由画面生发议论，这里，沈贞吉突破绝句诗的章法规则，并不用转笔，仍就上句"闲"字，延伸诗意，说二老握手相逢，并无他事，他们只为看山观瀑而来，不是议论泉瀑的水势，便是议论雄伟的山势。后两句用虚笔，以议论的语气，说二老闲游，品评山水，着重表现他们的高逸情趣。全诗虚实相生，非常全面地反映出画面壮观的实景以及蕴涵于画境中的悠闲、愉悦的意思，诗情画意交会融彻，读后使人获得心旷神怡的审美享受。细细品味，我们能触摸到画家的心灵，他那种作画以自娱，陶冶情性、怡然自乐的情趣。可以说，画上的两个老人，一个便是画家沈贞吉，他正寓乐于画，陶醉于林泉美景之中。

晚梧秋影师造化

清代常熟画家王翚与常州画家恽寿平，志趣相同，投分契机，常在一起切磋画艺，互相题咏诗画。他们密切交往、情谊深厚的事迹，是我国画坛上的一段佳话。

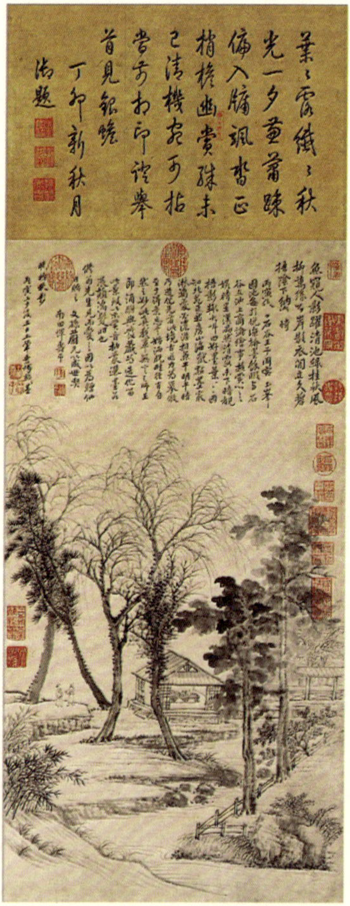

王翚《晚梧秋影图》

康熙二十五年（1686），王翚与恽寿平同时在昆山做客，住在玉峰园池，每天晚凉时分，他们立于梧桐树下，商议绘事，见梧叶碧影，便大呼："好墨叶，好墨叶！"王翚酒酣兴发，挥毫作《晚梧秋影图》，今藏北京故宫博物院。这是一幅画轴，直接描绘玉峰园池的景色，右侧画梧桐两株，率意双勾枝干后，用泼墨法浓淡相兼地画出桐叶。图中另有柳树、杂树数株，树下草堂一间，两人（当即画家自己与恽寿平）立石上对话。全图以造化为师，状自然之景，笔墨洒脱自然，毫无斧凿刻画之迹，亦无半点古人的笔墨。画幅上方有恽寿平的题诗和跋语，跋云："因知北苑、巨然、房山、海岳，点墨最淋漓处，必浓淡相兼，半明半暗，乃造化先有此境，古匠力为摹仿，至于得意忘言，始洒脱畦径，有自然之妙，此真我辈之师。”跋语中的北苑，即五代画家董源；房山，即元代画家高克恭；海岳，即宋代画家米芾。南田的画跋，交代本图画作的缘起及创作过程，重点阐发以自然为师的画学观点。恽寿平的题诗云：

鱼窥人影跃清池，绿挂秋风柳万丝。

石岸散衣闲立久，碧梧阴下纳凉时。

恽寿平（1633—1690），原名格，字寿平，以字行，遂更字正叔，号南田，别号云溪外史、东园客等，武进（今江苏常州）人。从堂伯恽向学画。擅画花卉、山水，拓展徐崇嗣的没骨花卉画法，别创一格，成为明清时代最有成就的花卉画家，师从他的人很多，形成“常州画派”。工诗，诗境隽永秀逸，有《瓯香馆集》、《南田画跋》，缺漏甚多。今有吴企明编纂《恽寿平全集》，将由人民文学出版社出版，比较齐备。

恽寿平的题诗，别出心裁，他并不描绘碧梧桐影的形象美，亦不谈师法自然的画理（因为长跋中已经说得很多），却将审美视角投向人的生活感受。诗的前两句，写画面景，说池鱼窥见人影，受到惊动，在池中跳动；绿柳受秋风吹动，丝丝飘动。池鱼窥人，画上没有表现出来，秋风吹拂，画上无法表现；池鱼跃动、柳丝飘拂，是动态事物，画面也无法表现。恽寿平采用诗补画外意的手法，用诗句申补出那些绘画难以表现的意象。诗的后半首，扣到碧梧正题上，也扣到画面的人物形象上，说石岸上的两人在碧梧影下，散开衣襟纳凉，久久闲立，感受着大自然赐予的凉爽快意。南田毕竟是诗坛高手，他在清幽的诗境中，托出清幽的画境，真切地写出自己的审美体验和生活情趣。

吴氏三代 绘画世家

国画大师吴昌硕擅画花卉，因此他特别喜爱著名山水画家吴伯滔的山水画，对他的画艺非常推崇，曾经写过一首很长的古诗《吴伯滔画山水卷子》（载《缶庐集》卷二）：

吴伯滔山水

拔地壁千尺，登堂松十围。
好手吴疏林，岩壑任意挥。
气奇迂倪放，意出清湘奇。
满纸烟雾出，腕底犹薪驰。
嶒崪碍日出，盘旋阻云归。
鸟嗟不知道，猿啸随所依。
悬崖挂秋瀑，孤村明夕晖。
木石古黛横，笔笔金石姿。
荆关不再作，叹息知音稀。
披图思故人，去树秋披离。
石门长水边，髣髴吾家移。

吴伯滔（1840—1895），名滔，字伯滔，以字行，号铁夫、疏林，浙江石门（今桐乡崇福镇）人。善画山水，是晚清著名山水画家，与吴昌硕、吴秋农齐名，合称“三吴”。据《桐乡县志》记载，吴伯滔自幼聪颖，醉心艺术，能诗工画，尤擅山水，北京故宫博物院、浙江美术学院等处皆珍藏其作品，被誉为江南第一山水画家。

吴昌硕(1844—1927),初名俊,后改俊卿,字昌硕,以字行,号缶庐、苦铁,浙江安吉人。曾任安东(今江苏涟水)县令,后寓上海。工诗,善书画、治印,名扬海内外,是海上画派后期的领军人物。著有《缶庐集》。

缶老题诗的开端,以“画作真会”的手法,用突兀的笔势,极意形容吴伯滔山水长卷的雄伟气概,千尺岩壁拔地而起,登堂看见十围的松树,大有杜工部“堂上不合生枫树”的妙处。“好手吴疏林”以下四句,说吴泊滔确是画山水的好手,可以任意挥毫画岩壑,气势超过迂倪的放逸,立意超出石涛的奇巧。“迂倪”,是“倪迂”的倒置,即倪瓒;“清湘”,即清湘老人石涛。两句诗,点出吴伯滔山水画的艺术渊源。“满纸烟雾出”以下八句,描写画面景象,再现画境。诗人说,看到满纸生起烟雾,似乎在画家腕底奔驰。山岩峭崒阻碍太阳出来,山势盘旋阻挡浮云归山。群山高耸使飞鸟嗟叹,不知通道何在,山猿随其依托的处所,不敢移动,长啸不已。悬崖上挂着秋瀑,孤村被夕阳照得很明亮。“木石古黛横”以下四句,写此画的艺术特征,伯滔画树石,用青黑色的颜料,笔笔有金石的姿态,笔墨苍老沉郁,取径高古,有荆浩、关仝的遗风。如今他已死去,不再作画,可叹知音稀少。吴伯滔精于治印和书法,所以他的画作有“金石

吴待秋兰花蔬果扇面

姿”。这种画艺特征，后来被其子吴待秋、孙子吴羖木传承下来。最后四句，缶老说翻开画卷思念起故友，画卷上秋日的云树，枝叶披纷，更触发起绵绵情思，遥想石门水边的故居，仿佛吾家也移在那边。全诗运用长篇古诗的体裁，以奇崛的风格，写出吴伯滔山水画卷的雄奇之美，寄托着深深的敬意和缅怀之情，洵为题画佳作。

吴伯滔的《山水卷子》，今已不存，而缶老的题诗，却为我们留下了宝贵的文献资料，有助于人们去追想《山水卷子》的风貌和吴伯滔山水画的审美特征。今存吴伯滔之《山水册页 · 九华秀色》，用笔有金石意，风韵苍秀沉郁，与《山水卷子》差可近之。

吴伯滔是浙江石门人，本与苏州无关，但是他的儿子吴待秋、孙子吴羖木却与苏州有不解之缘，是苏州画坛的著名画家。吴待秋（1875—1949），名徵，字待秋，以字行，别号袌鋗居士、疏林仲子、括苍亭长，生于石门。幼承家学，传承其父山水画、书法、治印艺术。吴伯滔卒年较早，吴待秋便成为吴昌硕的弟子。他博取众长，又能自成一家，金石、书画并擅，山水、花鸟兼长。与赵叔孺、吴湖帆、冯超然合称“海上四大家”。吴待秋本居沪上，1931 年，因不堪战祸困扰，便来苏州选购住房。经人介绍，选中护龙街装驾桥巷 34 号一幢古式住宅，还有一个一百三十多平方米的花园，小巧玲珑，画家很满意，便决定购置。经过一年多时间的修葺，花园中添植树木、翠竹、花草，画家取杜甫《秋兴》“香稻啄残鹦鹉粒，碧梧栖老凤凰枝”的诗意，为园子命名为“残粒园”。自此，吴氏便落户苏州，他们的艺术创作活动，也便融入苏州文化之中。吴待秋的生平事迹和落户苏州的情况，其子吴羖木曾口述过，并请詹一先先生记录整理成《吴待秋生平事略》，发表在《姑苏晚报》上，也载入詹一先《退安随笔》中。

吴羖木《拙政园图》

吴羖木（1921—2009），名彭，

吴待秋的长子，出生在石门老家，却长期寓居苏州，长期活跃在苏州画坛上。他曾任教于苏州工艺美术专科学校，任苏州国画院院长、苏州吴门画派研究会会长。他继承祖、父长于山水画的艺术传统，又力求改革中国画的传统观念和技法，创立“第三种画”，别开生面，取得可喜成果。

2010年5月，经陈根兴先生策划、吴氏后裔的努力，荣宝斋出版社出版了吴伯滔、吴待秋、吴斆木《吴氏三代画册》，为我们展现了吴氏三代画家的艺术风采，也为青年画家学习画艺、画学研究者研究中国绘画艺术的发展，提供了极宝贵的艺术珍品。

执手无语　含泪相看

太仓名画家王时敏与常州名画家恽寿平，相互慕名，惜无缘相见。清康熙十八年（1679）秋冬间，王时敏致书王翚，邀约他偕同恽寿平一起到太仓来，观看时敏第五子、著名戏剧家王抃所编写的《鹫峰缘》，此剧即演绎恽寿平少年飘零流落的事迹。翌年六月九日，王翚与恽寿平一起到太仓，拜访王时敏，恰恰这时时敏旧疾发作，卧床不起，王、恽在病榻前与王时敏相晤，时敏病重，已说话不清。六月十七日，时敏卒，恽寿平悲痛不已，挥笔作悼念诗《哭奉常先生断句廿四章》，这一年为庚申年，诗云："若向人间论甲子，龙蛇年岁是庚申。"今选二首品

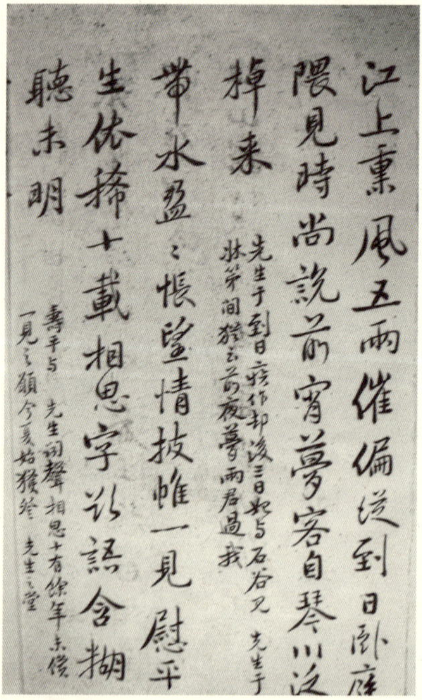

恽寿平手迹

江上熏风五两催，偏从到日卧庭隈。
见时尚说前宵梦，客从琴川泛棹来。

带水盈盈怅望情，披帷一见慰平生。
依稀十载相思字，欲语含糊听未明。

王时敏（1592—1680），字逊之，号烟客、西庐老人，太仓人。明末以祖荫仕至太常寺少卿，人称"王太常"。入清不仕，以书画自娱。喜收藏书画名迹。擅画山水，得宋、元神髓，尤致力于黄公望，恽寿平称颂他"共说痴翁是后身"（《哭奉常先生断句廿四章》）。生平爱才，喜提携后进，王翚、吴历、王原祁等均得到他的指授。后人将他与王鉴、王

翚、王原祁合称“四王”，加上吴历、恽寿平，称为“清初六大家”。传世作品有《层峦叠嶂图》、《秋山图》，著有《西庐集》。

第一首，先叙相见情事。寿平从常熟出发，江上东南风劲吹，催促舟船早日到达，偏偏到太仓的时候，王时敏已卧病在床。“熏风”，和风，东南风。“五两”，古代测风器。第三、四句，叙相见时老人还轻轻地对王、恽两人说，前夜梦见有客人从常熟乘船来。南田在诗下自注：“先生于到日疾作，却后三日，始与石谷兄见先生于床第间，犹云前夜梦两君过我。”“前宵梦”，说明王时敏思念王、恽两人之情，十分深切。

第二首，抒发相见慰平生的深情。常州到太仓路并不远，隔着娄江，如“一衣带水”，无缘见面，常存萦念、怅望之情。今日打开帷幕一相见，足以慰藉平生倾慕之心。寿平于诗下自注：“寿平与先生闻声相思，十有余年，未偿一见之顾，今夏始获登先生之堂。”十载相思，依稀记得，现在见面，先生病体虚弱，想要说话，却含糊不清，听不分明。王时敏很想会见恽寿平，而且早就做好准备，床头贮着十两银子，作为招待王、恽的开支。恽寿平在“只为殷勤留客住，床头检点有遗金”的诗句下自注：“先生谢世后，检床头得十金。侍者云：‘知王、恽二客将至，预留供客之资也。’”

恽寿平倾慕王时敏已久，病榻前乍得相见，握手无语，含泪相看，遽成永诀，岂不痛哉！他的悼念王时敏的绝句组诗，和泪写成，感情深挚，情词婉切，感人至深。日后，他在给外甥杨叔美的书信中，还追述与王时敏诀别事：“盘桓半月，始过娄东，谒王烟翁，不意舟到娄而烟老即于此日疾作，止于卧榻前，两番执手，十年彼此寤寐怀想之情，一句说不出，含泪相看，不能相叙，真大恨事，一见永别，一生离合有定数，不可强也。”信上的文字，与诗意甚切合，可以帮助理解诗意。

恽寿平还手写悼念诗成一册，墨迹原存王家，后流落人间，乾嘉时为吴门王月轩收藏，太平天国时，为陆心源所得，收入《穰梨馆过眼续录》卷十三。后为沪上诸仲芳购得，因影印《南田挽烟客诗墨跡》二百册，以便广为流传。

双燕齐飞向云霄

苏州画家吴湖帆有两个学生，都叫陆一飞，一个是常熟人，一个是浙江余姚人。1965 年，虞山陆一飞在杭州西湖边欣逢余姚陆一飞，欣喜之余，常熟陆一飞画一幅《双燕图》，赠给余姚陆一飞，暗寓两位画家同时高飞于画坛上。

陆抑非《双飞图》

《双燕图》是一幅工笔重彩花鸟画，陆抑非画。陆抑非（1908—1997），初名翀，字一飞，江苏常熟人，入吴湖帆门下，得窥宋元名迹，善作工笔重彩花鸟画，得宋人神髓，花卉深得恽南田笔意，成就很高，与江寒汀、张大壮、唐云合称海上花鸟“四大名旦”。画幅中心画双燕展翅飞翔，似有直上云霄之意。两只燕子形态各异，燕之毛羽细笔描画，造型精巧，形神兼具。下部画粉红色桃花一株，白色杏花一株，用没骨法画出，绿叶相衬，色彩鲜美。右上方陆抑非题跋云：

一九六五年春日，虞山陆一飞于西子湖边欣逢余姚陆一飞，同志同门，写此为赠。

画幅左上方，吴湖帆题《善萨

蛮》词：

东坡文友张先两，吴兴路不疑相向。今道姓名齐，争传陆一飞。　西湖双燕语，桃李春风弄。佳话二难并，画坛分擅名。

吴湖帆（1894—1968），名倩，号倩庵，苏州人。清代金石学家、书画家吴大澂的裔孙，久居上海。早年受家学熏染，酷爱书画艺术，初从“四王”、董其昌入手，继而上探五代、两宋以及元明诸家。他把师古人与师造化融合起来，一面临摹历代名家手迹，一面遍游名山大川，既能纯熟地掌握传统技法，又能发展创新，在艺术上形成独特的风格。画以山水为主，兼作行石花卉。

吴湖帆的题词，先从宋代两个张先的文坛趣事引入。句下有自注，云：“宋有两张先，均号子野，皆东坡之友，见《齐东野语》，但两张先相聚过否，草窗未提及也。”自注将首二句词意解释得很清楚。大概后来他查核《齐东野语》后，发现词意不妥帖，所以他又在画幅上加一段识语：“《齐东野语》云宋时有两张先，其一开封人，天圣三年进士，与六一居士往还甚契；其一湖州人，天圣八年进士，有‘三影郎中’之称。倩庵又识。”于此可见吴湖帆写作的严谨态度。“今道”两句，转笔写现代的两人姓名相同，大家争着传诵陆一飞。虞山陆抑非，字一飞，巧与余姚陆一飞之名相同，而且也擅长绘画，故曰“同志”。他们同是吴湖帆的门生，故曰“同门”。过片处，由写人转到写画，“西湖”两句，写画面上的双燕和桃李二花，双燕顾盼欲语，桃李在春风中争艳，词意与跋语“于西子湖边欣逢”相合。“佳话”两句，意谓两人的相遇相识，堪称佳话，词人于句下自注：“虞山陆生擅花卉，余姚陆生擅山水，两生均余门弟，皆在画院。”“二难并”，语出王勃《秋日登洪府滕王阁饯别序》：“四美具，二难并。”本指贤主、宾客两者难得。这里指两个陆一飞难得。词句最后点出“双飞”的画旨，表达了老师对学生的勉励之意，希望两位学生像画中的双燕一样，在画坛上展翅同飞，共成名望。

两个陆一飞，志趣相投，同出苏州著名画家吴湖帆之门。画是苏州画家陆抑非所作，词是苏州画家吴湖帆所题。笔者拈出此画、此词，略作讲读、解析，与苏州诗画界的朋友们共赏。

词意画里蕴词意

常熟近代有一位爱国诗人杨无恙，诗富且工，又擅画，颇得诗画融通的神理。笔者初次知道这位常熟名人，是在《中国民间秘藏绘画珍品（三）》上读到他的画，后来读到钱仲联先生《梦苕盦文存》卷四《爱国诗人杨无恙》，对他有了更深的认识，很乐意向广大读者朋友推介这位常熟籍的苏州文化名人。

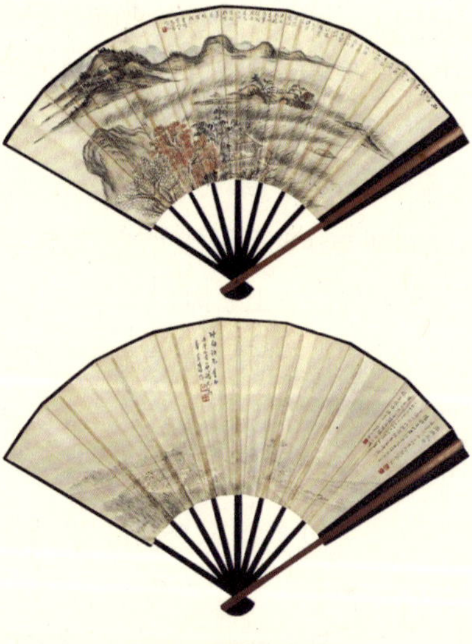

杨无恙山水扇面

杨无恙（1894—1952），原名冠南，字无恙，后以字行，号让渔、阿土、屠龙居士，沙洲港口人，其地原属常熟，习称“常熟人”。无恙独喜诗，最初从厉鹗、陈与义、李商隐、李贺诸诗人切入，“淡雅中时出古艳”（钱仲联《梦苕盦文存》评语），初刻《无恙初稿》，又有《续稿》、《三稿》、《光天集》，总名《无恙后集》。董康赴日本讲学时，他曾以“记室”的身份随往，与当地文士有过交往。抗日战争时期，他正在上海，拒不接受日方邀约，愤然回乡，钱仲联先生在《爱国诗人杨无恙》中曾记及此事：“抗战军兴，流寓沪上，不为敌人屈节。以沪渎居不易，又回常熟。”他亦擅书画，曾刊印过彩色画册《扇面》，陈叔通为他刊印过《无恙草窗词意画册》，钱先生在文中说：“又工绘事，与江阴季今啬游，颇得其濡染。殁后陈叔通用西法彩色精印《无恙草窗词意画册》行世。”其原有画稿，今存《无恙草窗词意画》十五幅，纸本，又有《仙鹤扇面》、《牡丹扇面》、《红水仙扇面》、《蔬果扇面》、《石榴扇面》、《秋花扇面》、《瓶花琵琶果扇面》、《蔬果扇面》、《黄山鳌鱼洞扇面》、《仙石扇面》、《太平花扇面》、《扶栏观柳扇面》、《兰花茶壶扇面》等十三幅，均为李一氓先生收藏，收入《李一氓藏画选》中，今具载《中国民间秘藏绘画珍品(三)》。

今存李一氓先生处的杨无恙《草窗词意图册》共十五页，纸本彩色，这组画以水墨设色画花草风景及人物，每幅上都题有南宋著名词人周密的一两句词，显然画家是根据周密词意画成的“词意画”。

杨无恙《草窗词意图册》

这组画册的第二页，图中画高墙庭院，杨柳成行，芳草遍地，杂花生树，屋舍华美。庭院中有一女子，侧头静坐在一架秋千上。画家以不同墨色写树枝树干，勾勒庭院房屋，再以淡蓝、淡绿、淡红等色彩进行渲染，而画幅中央却以鲜艳的朱红色画秋千，与整个画面淡雅的色彩形成强烈的对比，使之成为画面的中心。画面左侧，题着“淡月秋千，落花院落，几度黄昏，癸未人日写草窗词。”点明这幅画乃是周密词意画，作于癸未年，即1943年的人日。人日即农历正月初七，“淡月秋千”三句，出自周密的《眼儿媚》，全词如下：

飞丝半湿惹归云，愁里又闻莺。淡月秋千，落花庭院，几度黄昏。　十年一梦扬州路，空有少年心。不分不晓，恹恹默默，一段伤春。

这是周密的一首伤春词。前阕写景，词中描绘的应是一个雨后的黄昏，空中的游丝还沾着水珠，归云布满西天，一日又将结束。首句的“惹”字，运用了拟人手法，说归云的出现是由飞丝惹出来的，委婉地写出了词人因黄昏将至而感到的不愉快之情，故下句便点出全词的题旨"愁"。"愁里又闻莺"，在满怀愁绪中又听到黄莺的啼鸣，不禁愁绪更深。"淡月秋千"三句继续写景，淡淡的月光照在秋千架上，庭院中落花无声，落红堆砌，又是一个撩人愁怀的黄昏。"几度"二字，对应前面的"又"字。前阕虽然主要是写景，但情寓于景，从中可见画中人和词人愁闷无绪的心情。

后阕抒情，点明词人愁绪的来源："十年一梦扬州路，空有少年心。"回想以前的岁月，虽也曾风流，经历过潇洒，但真如一梦，空有一分年少狂热的心，却一事无成。"十年一梦扬州路"，化用杜牧《遣怀》中的"十年一觉扬州梦"句意。周密大部分时间在浙江的湖州、杭州度过，此处的扬州当是泛指繁华的地方。最后三句，点明伤春的主题。词人分不清也道不明自己的情绪，只觉得懒散无绪，打不起精神，连话也不想说，默默地为春天将逝而伤感。"伤春"，照应了前阕的"落花庭院"。这里的"春"，不光指自然界的春天，也指词人的青春岁月，即前面的"十年一梦扬州路"的岁月，词人也为青春年少一去不复返而伤感。"不分不晓"，不明不白的意思。"恹恹"，精神不振的样子。

周密这首《眼儿媚》词，以清浅自然的语言，传达出一种对春日将去、岁月流逝的伤感之情。这种情感的表达，既有直接抒写，如"愁里又闻莺"和最后三句，也有通过景物描写来表现的，如"淡月秋千三句"。杨无恙的词意画，正是根据"淡月秋千，落花庭院，几度黄昏"三句绘成，因为这三句词虚实相生、情景交融，极具意蕴。画家不仅画出了淡月、秋千、落花、庭院等词里之景物，而且以一位呆坐在秋千上的女子形象来传达词境，女子侧着头，静静坐着，无心游玩秋千，似有满腹的心事。她是在伤感落花的飘零，还是在感叹自己深闺寂寞、虚度青春年华，或是在思念远方的亲人？……画面给我们无尽的想象空间。画家是深谙词人之心的。

杨无恙的绘画艺术品，都富有诗情画意，这是他善于将诗词家的意蕴、神韵融化入画境中的缘故，取得了很高的融通诗画的艺术成就。《草窗词意画册》第二页，可以说是体现这种艺术境界的代表作。

拍栏高唱　才雄气奇

苏州北寺塔遐迩闻名。其实，北寺塔是个俗称，全名应为报恩寺塔，因在“卧龙街”（今人民路）之北段，故云。唐陆广微《吴地记》载，通元寺为“吴大帝孙权吴夫人舍宅建”。宋朱长文《吴郡图经续记》则载报恩寺“在古为通玄寺，吴赤乌先主母吴夫人舍宅以建”。范成大《吴郡志》，徐崧、张大纯《百城烟水》，姚承绪《吴趋访古录》，王謇《宋平江城坊考》均载为“报恩寺”。通元寺、报恩寺，就是北寺，寺中之塔，就是北寺塔。报恩寺塔，始建于梁代，十一层，不久毁。宋绍兴二十三年（1153）重建，九层。明清间，几经修葺。1965 年到 1967 年，又全面整修。塔为八面砖木结构楼阁式，其规模之宏大、气势之雄奇，均为吴中诸塔之冠。文人雅士登斯塔，每有题咏。近人金天翮先生写过一首《登北寺塔》五律诗，极有气魄，诗云：

十万楼台影，分明脚底看。只身凌绝顶，孤塔耸云端。
大野回春色，重城锁暮寒。江山无霸气，高唱拍栏干。

金天翮（1874—1947），近代著名学者、思想家、教育家、文学家，一名天羽，字松岑，以字行，号鹤望，吴江同里人。早年参加爱国学社，与章炳麟、邹容、蔡元培等一起从事民主革命活动，倡导教育救国，在家乡办同川小学、明华女校。辛亥革命后，曾出任吴江教育局局长、江南水利局局长，一度任光华大学教授。晚年定居苏州，与太炎先生创办中国国学会，讲学著述，“晚节不亏，傲骨依旧”，直到病逝。

天翮先生身处我国新旧学术文化的交会时期，他自觉吸收西方文化，反映资产阶级民主革命的政治要求，冲破儒家文化的传统束缚，他的学术文化思想，贯穿反帝、反封建的革命精神，呈现新变的特征。他的许多著作，如《孤根集》、《天放楼文言》、《鹤望中年政论》、《天放楼诗集》、《新中国歌唱集》以及翻译作品《三十三年落花梦》等，集中与西、雅与俗、译与著于一体，恰好反映出天翮先生与封建知识分子迥然不同的学术文化思想的新面貌。他倡言文学改革，用旧体诗写新内容，宣传反帝、反封建思想，诗风雄伟奇谲，钱仲联《记金松岑先生文学》说："余尝推其诗为'诗界革命'在江苏之惟一大纛。"

北寺塔

天翮先生登上北寺塔，不是发思古之幽情，也不是描绘塔的形貌，更不是阐发佛家之禅理，而是拍栏高唱，抒写自己救国拯危的抱负，热情呼唤革命的到来。诗的首联写登塔所见，苏州的繁荣景象，悉在脚底。"十万"，用白居易的句意，运用意象沿袭的技巧，形容苏州的繁盛。次联写自己立身之高。两句"互文"，说自己立身于孤塔之上，耸身于云端。这两句看似平常，却极有深意，为下面的诗意作了铺垫。颈联表面写节候风物，然富有意蕴。诗人从塔顶俯视遥望，感知大地已经春回，但苏州还被暮寒锁住。诗人站得高，看得远，感知大地有革命力量在潜动，但很多地方还被黑暗势力包围着。"春色"、"暮寒"被当作喻象，已赋予节候风物以政治色彩。尾联收束全篇诗意，发出唱叹，点明题意。面对祖国遭受列强蹂躏，社会制度腐败、黑暗的现实，诗人认为一定要有一种能摧枯拉朽的"霸气"才能抵御列强，捣毁黑暗势力，才能拯救中国，所以他发出了"江山无霸气"的感叹。现在，"我"站在北寺塔的绝顶，手拍栏干，高声唱叹，有谁能理解"我"的心意呢？诗人在这里巧妙运用了辛弃疾《水龙吟·登建康赏心亭》中"把吴钩看了，栏干拍遍，无人会、登临意"的词意。时隔七百多年，时代虽然不同，但天翮的心灵与辛弃疾是相通的，词意的运化非常贴切。

金天翮一生传播民主革命思想，弘扬爱国精神，为振兴中华作了不懈的努力。这首"才雄气奇"的《登北寺塔》诗，充分体现出他的思想品格和胸襟怀抱。这样一位苏州文化名人，值得我们永远缅怀。

红裳翠盖　荷花世界

苏州园林承载着千百年的文化积淀，各处园林，绝不是亭台、泉石、池沼、珍卉的简单叠加，仅仅成为客观的欣赏对象，它们往往是园主精神的体现和情感物化的载体，有着深厚的人文精神。作如是观，观赏苏州园林才会有较深的审美感悟。

拙政园是苏州规模最大也最具代表性的园林。明正德年间，御史王献臣因官场失意，辞官归乡里，营建园林以养老，取潘岳《闲居赋》中的文意，命园子为“拙政园”，他自己说：

昔潘岳氏仕宦不达，故筑室种树，灌园鬻蔬，曰：“此亦拙者之为政”也！余自筮仕抵今，余四十年。同时之人，或起家至八座，登三事，而吾仅以一郡倅老退林下，其为政殆有拙于岳者，园所以识也。（文徵明《拙政园记》引）

拙政园初建时，便有三十一处景点，文徵明是他的好友，作《王氏拙政园记》（以下简称《记》），详细记述园中各处景点，并作《拙政园诗》（以下简称《诗》）三十一首，每首题咏一处景点。那么，这个园林里最能体现王献臣精神世界的建筑和植被是什么呢？王献臣“有直臣风”，为人耿直清正，他特别欣赏宋周敦颐《爱莲说》中“出淤泥而不染，濯清涟而不妖”的文意，并以此自喻，所以他充分利用“居多隙地，有积水亘其中”、“是水折而北，滉漾渺瀰，望若湖泊”（文徵明《王氏拙政园记》中语）的自然条件，遍植荷花。设置建筑，也与荷花有关，以此来体现自己爱莲的情操和清正的精神。据文徵明《记》和《诗》的记述，当日园中可以赏荷处有三：

一、芙蓉隈。《记》云：“循水而行，岸多木芙蓉，曰芙蓉隈。”此处景点，虽以木芙蓉取名，但水中植荷，夏日水芙蓉才过，秋天木芙蓉盛开。《诗》云："（芙蓉隈在坤隅，临水。）林塘秋晚思寥寥，雨浥红蕖淡玉标。出水最怜新句好，涉江无奈美人遥。"《诗》咏的正是水中的荷花。

二、水花池。《记》去："水尽，别疏小沼，植莲其中，曰水花池。"《诗》云："（水华池，在西北隅，中有红白莲。）方池涵碧落，菡萏在中州。谁唱田田叶，还生渺渺愁。仙姿净如拭，野色淡于秋。一片横塘意，何当棹小舟。"

三、净深亭。《记》云："池上美竹千挺，可以追凉，中为亭，曰净深。"《诗》云："（净深亭面水华池，修竹环匝，境极幽深，取杜诗云。）绿云荷万柄，翠雨竹千头。清景堪消夏，凉声独占秋。"净，或作静。

王献臣死后，拙政园的归属变化较大，东、中、西部不断更易园主，原有的景点被改造，也增添了许多建筑和植被。但是，拙政园重荷莲的总体风貌，一直被保留着。近人周瘦鹃《望江南·苏州好》："苏州好，拙政好园林。四面荷花三面水，红裳翠盖满池心，炎夏惬幽寻。"真能撷出拙政园园艺美的审美特征。这里，我们将环绕拙政园的"荷文化"，与大家一同去赏游几处体现荷花神趣的景点。

拙政园的中心建筑是"远香堂"，此堂四面装着玻璃长窗，拙政园中部景色，一览无遗。堂北池水宽阔，夏日莲荷盛开，莲叶接天碧，荷花别样红，清香徐来，园主因取"香远益清"（周敦颐《爱莲说》）句意作堂名，坦示自己爱莲的情缘。

拙政园东部有"芙蓉榭"，芙蓉，是荷花的别称。入此榭，凭栏赏荷，观看池中的芙蓉摇曳生姿，定然心旷神怡。柱联用篆书写成："绿香红舞，贴水芙蓉增美景；月镂云裁，名园阑榭见新姿。"上有一段题记："拙政园素以赏荷称著，芙蓉榭之名，乃文徵明记中题名。"文徵明《记》中只有"芙蓉隈"一处景点，别无"芙蓉榭"之题名，题记作者混两名为一，致有此误。

位于"卅六鸳鸯馆"北面的"留听阁"，临荷池，阁名"留听"，显然是取李商隐名句"留得枯荷听雨声"（《宿骆氏亭寄怀崔雍崔衮》）的诗意。但对此句的理解，各有不同，一般都解读此句为静听雨打残荷声。其实，这句诗，采唐人常用的"象外句"法，魏庆之《诗人玉屑》卷三："唐僧多佳句，其琢句比物以意，而不指言一物，谓之象外句。如无可上人诗：听雨寒更尽，开门落叶声，是落叶比雨声也。"刘学锴、余恕诚《李商隐诗歌集解》注此诗云："雨声盖虚写，实为风动残荷之声。因秋阴，故夜间风荷之声而疑为雨。"他们的诠解是很准确的，全句意谓留得枯荷，风吹残叶，发出窸窣声，听起来好像是在下雨。

“见山楼”前有座五曲桥，过桥便是“荷风四面亭”。亭六角形，处于水池之中，亭名是从山东济南大明湖历下亭中刘凤诰写的联语“四面荷花三面柳，一城山色半城秋”取来的。亭柱挂一联：“四壁荷花三面柳，半潭秋水一房山。”上句用刘凤诰联语原句，改一字，下句用唐李洞诗《山居喜友人见访》成句。不过，上句不改更好，仍用原句，这样，这副联语就成为集句联。

园中还有不少景点，虽然题名无关荷花，但是它们却都摄荷之神韵，挹荷之清香，如“香洲”，虽取杜若香草以命名，但它是旱船，伸入池荷中，得赏荷之趣。“卅六鸳鸯馆”，北临池沼，夏植荷花，鸳鸯穿梭其间。“静深亭”，虽取唐诗为名，但从文徵明《诗》“绿云荷万柄”看，此处恰是赏荷处。总之，拙政园池水面积大，处处可以见到荷花，常州画家恽寿平于康熙二十一年（1682）自跋《拙政园图》云：“独坐南轩，望隔岸横冈，叠石峻嶒，下临清池，涧路盘纡，上多高槐、柽、柳、桧、柏，虬枝挺然，迥出林表，绕堤皆芙蓉，红翠相间，俯视澄明，游鳞可数。”可以毫不夸张地说，在盛夏时步入拙政园，正如进入荷花的世界。

周敦颐《爱莲说》：“莲，花中君子者也。”所以，当我们徜徉在拙政园的莲花池畔时，你会想起最初植荷造园的王献臣吗？会想起那些不断丰富“荷文化”的历代园主吗？你会从“出淤泥而不染”的莲花而联想起他们耿介清正的品格吗？

荷风四面亭 · 见山楼

夜半钟声　枫桥愁思

张继的《枫桥夜泊》，在苏州家喻户晓，人人传诵，笔者孩提时代便能背诵，但对诗中的深意，全然不能领会。随着年事的增长，又长期从事诗学研究，才逐渐悟得个中意味，诗云：

月落乌啼霜满天，江枫渔火对愁眠。
姑苏城外寒山寺，夜半钟声到客船。

张继（生卒年不详），字懿孙，襄州（今湖北省襄阳市）人。唐天宝十二载（753）进士，大历末为检校祠部员外郎，分掌财赋于洪州，卒于任。工诗，诗风清迥自然，不假雕琢。有《张祠部诗集》。

诗里包含着许多意象：落月、啼乌、江枫、渔火，容易诱发人的愁思；霜满天，旅途孤寂，景象凄清。“对愁眠”，应该理解为心有愁思的人，面对江枫、点点渔火，睡不着。有人说“愁眠”是山名，在寒山寺对面，实在是误解了诗意。诗人在众多诗歌意象中，贯穿着一个“愁”字，刘永济说：“只一‘愁’字透露心情，夜半钟声，非有旅愁者未必便能听到。”（《唐人绝句精华》）什么样的“愁思”？是羁旅之愁，更是失意之愁。张继是襄州人，外出客旅他乡，为谋求仕途出路，未果，途经苏州。唐代读书人常寄居寺庙，读书至夜半，以寺里钟声为号，休憩入睡。今夜，在姑苏城外又听到钟声，无限惆怅，深感枉费十年寒窗工夫，至今事业无成，旅愁加失意感，一起涌上心头，融入周边景象中。诗篇创造出一个月夜凄清迷蒙的意境，加上景的层次，物的移动，时序的变迁，声响的烘托，诗人心底无限愁思都在诗境中表现出来。这首即景抒情的小诗，情景交融，意象浑厚，洵为千古绝唱，产生过深远的影响。枫桥一桥，寒山一寺，也赖张继诗而名扬海内外。

关于《枫桥夜泊》诗，还有两个问题附带说明一下：

其一,夜半钟声的问题。

欧阳修《六一诗话》说:“诗人贪求好句而理有不通,亦语病也……唐人有云:‘姑苏城外寒山寺,夜半钟声到客船。’说者亦云,句则佳矣,其如三更不是打钟时。”他最早怀疑苏州无夜半钟声。足以证明张继诗“夜半钟声到客船”无误的,须是吴人所提供的,或外地人在苏州耳闻夜半鸣钟的记载。宋叶少蕴《石林诗话》云:“余居吴下”,“今吴中山寺实以夜半打钟”。他又指出:“公(指欧阳修)未尝至吴中。”陈正敏《遁斋闲览》说:“尝过姑苏,宿一寺,夜半闻钟,因问寺僧,皆曰:‘分夜钟曷足怪乎?’寻闻他寺皆然,始知半夜钟声唯姑苏有之。”王楙为吴中人,他在《野客丛书》卷二十六“半夜钟”条中说:“今之苏州能仁寺钟亦鸣半夜,不特枫桥尔。”又云:“许浑诗曰:‘月照千山半夜钟’(题名《寄题华严寺韦秀才院》),按许浑居朱方,而诗为华严寺作,正在吴中,益可验吴中半夜钟为信然。”这些唐宋人的记载,足以说明苏州寺院确实有夜半钟声,张继即景抒情,情与景融,兴象浑厚,诗味浓醇,未可非议。

其二,是“江村”,还是“江枫”?

最早记载张继《枫桥夜泊》“江枫渔火对愁眠”句中之“江枫”为“江村”的,是宋人龚明之《中吴记闻》“半夜钟”条,但不大为人注意。俞樾应约为寒山寺重书张继《枫桥夜泊》诗碑时,曾疑“江枫渔火”四字,他在此诗刻石的背后,附书一段文字:

唐张继《枫桥夜泊》诗,脍炙人口,惟次句“江枫渔火”四字,颇有可疑。宋龚明之《中吴记闻》作“江村渔火”。宋人旧籍可宝也。此诗宋王郇公曾写以刻石,今不可见。明文待诏所书,亦漫漶“江”下一字不可辨。筱石中丞属余补书,姑从今本,然“江村”古本不可没也,因作一诗附刻,以告观者。

郇公旧墨久无存,待诏残碑不可扪。

幸有《中吴记闻》在,千金一字是“江村”。

“千金一字是江村”的说法,还可以商兑。因为王郇公的刻石,久已不存,石上究竟是“江枫”还是“江村”?后人无法知道。文徵明所书张继一绝,“江”下一字已漫漶不清。则俞樾以为价值千金的那个“村”字,仅据龚明之《中吴记闻》,似嫌根据不足。

宋人旧籍固然“可宝”，然而同是宋人旧籍，大量的记载都是“江枫”。范成大撰《吴郡志》征引张继《枫桥夜泊》、计有功《唐诗记事》载张继《枫桥夜泊》、吴曾《能改斋漫录》卷三征引此诗，均作“江枫渔火”。再看唐人的记载。唐高仲武选《中兴间气集》，时当唐代宗大历末年，张继还活着。高仲武选录此诗，颔句便是“江枫渔火对愁眠”。

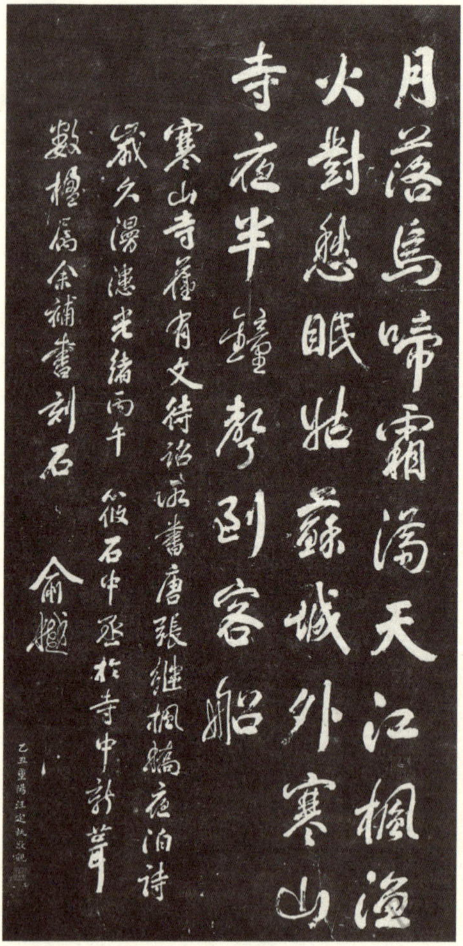

俞樾《枫桥夜泊》诗碑

既然唐宋文籍大量记载为“江枫”，那么，龚明之《中吴记闻》所载的“江村”，仅是个孤证。这个异文，可参考，却不能凭之而改动唐宋旧籍，至于“千金一字”的说法，未必妥当。

寒山寺俞樾所书《枫桥夜泊》诗碑旁，有一块近代人张继所书的《枫桥夜泊》诗碑。这里有一个故事。久居沪上的吴湖帆，听闻俞樾诗碑毁于战乱，他便酝酿请人为家乡寒山寺重新书写勒石。这时，一个合适的人选进入他的视线。老同盟会会员、时任国史馆馆长张继，时名甚重，他的草书苍劲浑朴、飘逸洒脱，而且书法家与诗人恰同姓同名，真是巧合，最为合适。于是，吴湖帆便托老友濮伯欣代为约请。张继闻信后，甚为欣喜，欣然挥毫，一气呵成，他还题上识语：“余夙慕寒山寺胜迹，频年来往吴门，迄未一游。吴湖帆先生以余名

与唐代题《枫桥夜泊》诗者相同，嘱书此诗勒石。唯余名实取己恒久之义，非妄袭诗人也。”两天后，张继溘然长逝，诗碑竟成为他的绝笔之作。时在 1947 年 12 月。吴湖帆收到这件作品后，如获至宝，随即请苏州镌刻名家黄怀觉刻成诗碑，存于寒山寺。

近代书家张继书写唐代诗人张继的《枫桥夜泊》诗碑，为寒山寺又增添了一道文化艺术的光彩。

烟雨石湖　标格清幽

苏东坡曾说："到苏州不游虎丘，乃憾事也。"此话大家都知道。但是，范成大说过："凡游吴中，而不至石湖，不登行春，则与未游无异。"(《重游行春桥记》)这句劝人游石湖的话，可能大家还不太熟悉。

石湖很美，烟雨中的石湖尤其美，画家笔下的《石湖烟雨图》则更美。

石湖是太湖的一个内湾，"震泽分波入"(杨万里《从范至能参政石湖精舍坐间走笔》)，与楞伽山、茶磨山相为辉映，烟水微茫，满目湖山，泛舟湖中，山光水色，塔影钟声，美不胜收。"湖山如画"(范成大《念奴娇·和徐尉游石湖》)、"十里湖山开画障"(文嘉《石湖绝句》)，真有天开图画之妙。然而，有很多诗人偏偏喜欢在雨中游石湖，领略蒙蒙烟雨中的石湖美景，感受大自然赐予吴人的审美享受，别有情致。在众多描绘烟雨石湖美景的诗篇中，倪瓒的《烟雨中过石湖三绝》尤称绝唱，今选其二首：

《姑苏繁华图·石湖》

烟雨山前度石湖，一奁秋影玉平铺。
何须更剪松江水，好染空青作画图。

姑苏城外短长桥，烟雨空濛又晚湖。

载酒曾经此行乐，醉乘江月卧吹箫。

倪瓒（1301—1374），元代著名画家、诗人，字元镇，号云林，别号荆蛮民、净名居士，无锡（今属江苏）人。终身未仕，以诗、书、画为乐。元末，疏散家财，隐于太湖中，漫游苏州一带。工诗画，诗风冲淡萧散，画以清闲幽淡为宗，“疏林淡笔倪迂法”（爱新觉罗·弘历题《水竹居图》语），常用淡墨干笔皴擦山峦林木，形成一种独特的艺术风貌。著有《清閟阁集》。

前一首写景。首句直奔主题，描写自己于烟雨中在楞伽、茶磨山前乘扁舟渡过石湖，七字写尽题面上“烟雨中过石湖”的意思。次句用博喻手法，从形、影、色三个方面描写石湖。“一奁”，形容雨中石湖像一面镜子，奁是妇女梳妆用的镜匣。青山倒映在湖中，影影绰绰，时当初秋，雨中石湖又透出凉意，故曰“秋影”。“玉平铺”，石湖水色像一块碧玉平铺在地上。因为是蒙蒙细雨，才有此妙境。第三句，笔头一转，说出一番新意来，画家说何须再去剪取吴淞江水，只要取一勺石湖水，调染空青颜料，便能将当前的美景描绘出来。“何须”句，巧用杜甫《戏题王宰画山水图歌》“焉得并州快剪刀，剪取吴松半江水”诗意，老杜发挥艺术想象，要将吴淞江水剪下半截，移入王宰画中来。倪迂却反其意，说不用剪下江水，我自调空青，运幽淡之笔，将石湖画下来。这大概便是诗人与画家的不同吧！

石湖烟雨

第二首写情。诗笔仍由眼前石湖景色落笔，说从苏州城到石湖，大约有十里光景，一路短桥、长桥相联缀，烟雨空濛又带来晚潮声，描绘得有声有色。两句诗，景中含情，逗出下文抒写“乐”的诗句来。三、四句，诗人说，我曾经载酒经行石湖，获得无上的乐趣，乘醉倒卧舟上吹箫作乐。“醉”字，一语双关，既是酒醉，又说自己陶醉在石湖秋月之下，怡然自得，其乐融融。

清代有一位不知其名的画家画过一幅《石湖烟雨图》，吴人过春山为题一诗云：

林风吹雨川光暝，远岸鸬鹚点秋影。
小楼人宿水声中，一枕溪云孤梦冷。
我本沧州旧散仙，萍花零落五湖船。
如何对此不归去，七十二峰空暮烟。

过春山，字葆中，号湘云，长洲（今苏州）人。乾隆时诸生，博通经史，工诗，诗承王孟、韦柳遗风，有《湘云遗稿》。沈德潜选其诗二首（本诗为其中一首）入《清诗别裁集》。本诗不是律诗，因为：一，叶仄韵；二，平仄欠调；三，中两联不对偶。实是一首古诗。前四句描写画面景象，用“川光暝”、“点秋影”、“水声”、“溪云”等一系列诗歌意象，形容画上石湖烟雨的景色。写景中，有实写，如“川光”、“远岸鸬鹚”、“小楼”、“溪云”；有虚写，如“林风吹雨”、“水声中”、“孤梦冷”，虚实相济，凸显画面上雨中石湖之美。后四句，写出诗人的观画感受，说我本是个旷达不羁之人，像萍花一样散落在太湖船上，为什么我“不归去”呢？结句，诗人运用“画作真会”的艺术手段，写出自己对太湖七十二峰暮色烟雨的美好憧憬，被眼前画上的景色所唤醒，真想“久居湖上”。诗论家沈德潜一眼便看透了作者的心意，评此诗“脱尽尘氛”（《清诗别裁集》卷三十），将过春山神归斯画、飘飘欲仙的审美感受表达得淋漓尽致。

翠竹要有清风吹拂，方能显出风韵；梅花要有白雪做伴，方能更见精神；湖山要有烟雨陪衬，仿佛是一位披着薄纱的美女，尤见标格清幽。应该说，这就是“美”的奥秘。

奇情壮采　灵岩美词

每个苏州人都登临过灵岩山，登山后有各自不同的生活感受和审美体验。有人默记于心，有人形诸笔墨，于是便有诗词作品问世。题咏灵岩山的诗词可谓多矣，就中最负盛名的，当然要数吴文英的《八声甘州·陪庾幕诸公游灵岩》：

渺空烟四远，是何年、青天坠长星？幻苍崖云树，名娃金屋，残霸宫城。箭径酸风射眼，腻水染花腥。时靸双鸳响，廊叶秋声。　宫里吴王沉醉，倩五湖倦客，独钓醒醒。问苍天无语，华发奈山青。水涵空、阑干高处，送乱鸦斜日落渔汀。连呼酒，上琴台去，秋与云平。

吴文英（约1212—1272），字君特，号梦窗，四明（今浙江鄞县）人。曾为浙东转运使幕僚，入庾幕（即仓幕，为提举常平仓官衙）。浙东庾幕在苏州，梦窗在苏州生活过一段时间。又为荣王府门客。知音律，能自度曲，词名极重，以绵丽为尚，思深语丽，词句多从李贺诗中来。有《梦窗甲乙丙丁稿》传世。

玩花池

吴王井

灵岩山，春秋时吴王曾建馆娃宫，携西施在此游乐。宋周必大《吴郡诸山录》："阖闾置宫苑、琴台、响屧廊、馆娃宫，复有砚池、玩花池、明月池，山前十里采香径。"词中之"箭径"即采香径，因直如箭，故名。宫女晨起梳妆，脂粉水流入径边小溪，溪水香腻。词意出杜牧《阿房宫赋》："渭泾涨腻，弃脂粉也。"寓杜牧赋意于词中，自然贴切。"响屧廊"，廊下放大瓮，瓮上铺木板，木廊中空，西施穿木屧行走廊上，发出响声。吴王夫差迷恋女色以致酿成亡国之祸，这则公案，被清代著名诗人蒋士铨写入《响屧廊》诗中："不重雄封重艳情，遗踪犹自慕倾城。怜伊几两平生屐，踏碎山河是此声。"吴文英陪同诸人游灵岩山时，宫苑已经荒芜，他忽发奇想，思接千载，写出登山时的种种感慨。此词气势不凡，"渺空烟四远"，确是登山的真实观感，这五字创造出空阔、高远的境界，具有笼罩全篇的艺术效果。紧接着，词人迥异地诘问：是哪一年，天上的长星坠落在这里，幻化成灵岩山？词意正是从"灵岩山"的"灵"字上生发出来的。一个"幻"字是领字，领起下面的写景词句，也引出一番吴国盛衰的感慨来。"苍崖云树"以下六句，巧妙运用对立联想，写得极为巧妙。"名娃金屋"，描写昔日吴宫盛况，用想象之虚笔写出，"残霸宫城"，描写今日的衰败景象，用实笔写出；"箭径酸风射眼"，写今日之衰景，用实笔，"腻水染花腥"，写昔日之盛况，用虚笔；"时靸双鸳响"，写昔日之盛况，用虚笔，"廊叶秋声"，写今日之衰景，用实笔。六句词交替表达今昔对立、盛衰对立、虚实对立的艺术联想，层层展开，细致地抒写出词人登上灵岩山时产生的深沉的历史感慨。

本词采用上分下总格过片方式，上阕写吴宫种种故迹，换头处着“宫里吴王沉醉”一句总收，昔日吴王在宫里沉湎酒色，导致吴国灭亡。“五湖倦客”，指范蠡，传说他功成名就后隐于太湖，过着渔钓的生活，始终保持着清醒的头脑。吴文英面对着历史和现实，除了发出吴国衰亡的感叹外，不禁联想到北宋王朝的失国之痛，南宋王朝偏安一方岌岌可危的形势，更联想到自己壮志未酬、华发无成的遭际，发出“问苍天无语，华发奈山青”的悲慨。他看到“送乱鸦斜日落渔汀”的景色，更增添苍茫悲凉的况味和国势危亡的忧虑。“送乱鸦”句，暗中运化秦观《满庭芳》“斜阳外，寒鸦万点，流水绕孤村”词意，为协韵，变“孤村”为“渔汀”。煞尾以景结情，与开端紧相呼应，气势豪迈，登山的一切感叹尽蕴于斯。张炎《词源》论及词的句法时说：“于好发挥笔力处，极要用工，不可轻易放过，读之使人击节可也。”并举吴文英此词尾句为例，足见梦窗此词之功力。

梁启超《饮冰室评词》论本词“奇情壮采”。全词立意高远，想象奇特，气势博大，词境奇幻，确是“奇情”；词采精丽华美，如“长星”、“金屋”、“腻水”、“花腥”、“双鸳”、“华发”、“青山”、“斜日”、“渔汀”，这些词采与广阔的时空境界相结合，与“奇情”相融合，形成“壮采”，恰当地抒写出词人深沉的感慨和豪迈的气概。

白云无心　清水自闲

天平山，在灵岩山北面，唐代称白云山，宋代帝王将它赐给范仲淹，又名"赐山"，是苏州城西一处绝佳的旅游胜迹。遍山树木繁茂，特多枫树，怪石耸立，有"万笏朝天"的美称。山中有高义园、一线天、白云泉、卓笔峰、望湖台等景点，尤以枫树、奇石、名泉著称，《吴县志》称天平山为"钟城西诸山之秀"，其言不诬。宋朱长文《吴郡图经续记》卷中记载此山，说：

天平山，在吴县西二十里，巍然特高，群峰拱揖，郡之镇也。林木秀润，瞻之可爱。游者陟危，蹬攀巨石，乃至山腹。其上有亭，亭侧清泉泠泠不竭，所谓白云泉也。自白乐天题以绝句，范文正继之大篇，名遂显于世。

天平山白云泉

朱长文所说的白乐天绝句，就是白居易的《白云泉》：

天平山上白云泉，
云自无心水自闲。
何必奔冲下山去，
更添波浪向人间。

白云泉在山半，水色白而甘洌，唐陆羽《茶经》品它为"吴中第一泉"。泉水从石罅中如线流出，又名"一线泉"。寺僧以竹管接水入石盂中，又称

“钵盂泉”。《白云泉》不是一首普通的写景诗，诗人借着题咏眼前天平山白云泉的机会，摅写自己向往闲适、追求悠逸的情思。首句扣题，次句描写云、水的情态，白云悠然飘浮，清水自在流动，略无心机。“云自无心”，语出陶渊明《归去来兮赋》“云无心以出岫”，此时，白居易的心与五百年前陶渊明息息相通，云和水，不再是简单的客观本体，已融入诗人的主观情思，达到新的思境。似写云水，实写自己。第三、四句，运用逆笔，从悠闲自在的泉水作逆反推想，提出何必奔冲下山、更添人间波澜和风浪的艺术意想。原本充满人生理想的白乐天，在遭到元和十年（815）的打击以后，逐步滋生独善其身的“吏隐”思想。本篇三、四句，借助于泉水形象，对热衷于功名利禄的“热中人”提出一种生活警示。

朱长文所说的“范文正继之以大篇”，就是范仲淹的《天平山白云泉》诗：

灵泉在天半，狂波不能侵。
神蛟穴其中，渴虎不敢临。
隐照涵秋碧，泓然一勺深。
游润腾云气，散作三日霖。
天造岂无意，神化安可寻。
挹之如醍醐，尽得清凉心。
闻之如丝竹，不含哀乐音。
月好群籁息，涓涓度前林。
子晋罢云笙，伯牙收玉琴。
徘徊不拟去，复发沧浪吟。
乃云尧汤岁，盈盈长若今。
万里江海源，千秋松桂阴。
兹焉如有价，北斗量黄金。

这是一首五言古诗，自由挥洒，从各个不同角度描写白云泉。诗的前十句，为第一层，着力表现白云泉的灵异。白云泉在半山腰，波浪无法侵犯它；神蛟蛰伏泉水深处，饥渴的老虎也不敢临近饮水；泉水隐于岩石的缝罅中，只有一勺深；泉水湿润，常常腾作云气，散作三日雨；如此灵异神化的泉水，正是天公着意的安排。

天平山之秋

苏舜钦《天平山》诗也有“石窦迸玉泉，泠泠四时雨。源生白石间，颜色若粉乳”的诗句，描写的正是天平山的白云泉。“挹之如醍醐”以下八句，为诗的第二层，从“味觉”和“听觉”两个方面加以细致的描写，突现白云泉的美学特征。诗人说，将清泉掬起来品味，其味好像美酒，可以清凉人心；听流泉的声音，如闻丝竹，如闻清乐美声，不含哀伤之音。明月之夜，万籁俱寂，可以听到清泉在前面的竹林里缓缓流过，好像仙人王子乔弹奏云笙，又像是伯牙鼓琴。“子晋”，即王子晋，周灵王太子，传说他成为仙人，又名王子乔。“伯牙”，春秋时人，善鼓琴，好友钟子期死后，伯牙终身不再鼓琴，事见《吕氏春秋·本味》。诗的最后八句，歌唱白云泉的价值。诗人说，我徘徊在泉水边不肯离去，又复发出沧浪吟，乃说尧汤圣明的时代，就像泉水汩汩不断长久流传至今。万里江海的源头，起于此，千年松桂的树阴，得到泉水的滋润。如果要论说白云泉的价值，就好比用北斗星称量黄金。诗人用新奇的想象、夸张的比喻，论说白云泉的价值，与诗的第一、第二层次反复渲染白云泉灵异神奇的诗意相切合，造成一种超凡脱俗的艺术意想，产生动人心魄的艺术魅力。

自从两位诗人吟唱后，白云泉天下闻名，白居易的《白云泉》诗，被镌刻在“兼山阁”旁的石壁上。来天平山的人，都喜欢到兼山阁茶座来，饮香茗，品白云清泉，观白云山景，流连忘返。

垂虹秋色　催人诗兴

画家写诗，往往能“诗中有画”。宋代大画家、大书法家米芾游吴江时，写过一首《垂虹亭》的诗，他发挥自己观察事物特别敏锐的长处，将画意融入诗中：

断云一叶洞庭帆，玉破鲈鱼霜破柑。

好作新诗寄桑苎，垂虹秋色满东南。

米芾（1051—1107），初名黻，字元章，号襄阳漫士、海岳外史，本襄阳人，后寓居润州（今江苏镇江），画史上与儿子米友仁合称“二米”、“大小米”。历知雍丘县、涟水军，迁太常博士、礼部员外郎，出知淮阳军。徽宗时，召为书画学博士。书法沉着飞翥，得王徽之笔意，与苏轼、黄庭坚、蔡襄合称“宋四家”。画山水自成一家，以点笔表现自然山水烟云变幻之景，人称“米点山水”，与子米友仁合创“米家云山”。著有《书史》、《画史》、《宝章待访录》、《海岳名言》等。

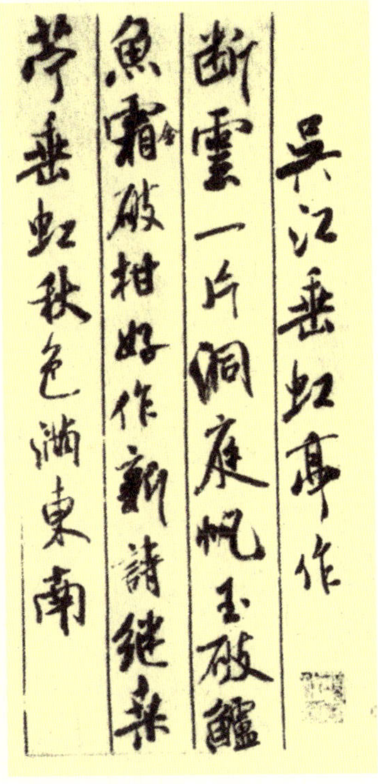

米芾手迹

垂虹亭，在吴江松陵镇垂虹桥上。垂虹桥，旧名利往桥，俗呼长桥。以亭名垂虹，并以名桥。朱长文《吴郡图经续记》：“吴江利往桥，庆历八年，县尉王廷坚所建也。东西千余尺，用木万计。萦以修栏，甃以净甓，前临具区，横截松陵，湖光海气，荡漾一色，乃三吴之绝景也。桥成，而舟楫免于风波，徒行者晨暮往归，皆为坦道矣。桥有亭，曰垂虹。”宋叶梦得《长桥》：“长桥跨空水弥漫，北望吞天去无岸。”沈与永《送杨立之步月垂虹因寄章苏州》：“万顷澄江白玉寒，金波海影动波澜。”诗人写景，与朱长文《吴郡图经续记》的文字完全相合。元泰定二年（1325），改建成石桥，七十二孔。垂虹桥横卧于浩渺烟波之上，“垂虹桥下水连天”，风景绝胜。“垂虹秋月”成为松陵八景之一。

米芾有女儿嫁在苏州东南三十里之大姚村，离吴江很近，所以他能乘便一游垂虹桥。诗的首句，描写眼前的太湖美景，一叶孤帆，截断了云气，从太湖上驶来。次句则由想象得之，写物产之美。船上装载着当地出产的鲈鱼和柑橘。秋天，鲈鱼肥，鱼肉细白如玉；柑橘经霜而成熟。吴江是著名的鲈鱼之乡，写垂虹桥的诗，大多会写到鲈鱼，张先“春后银鱼霜下鲈，远人曾到合思吴”，凌云翰“安得鲈鱼共尊酒？秋风亭上酹三高”（两诗载《百城烟水·吴江》）。无怪乎米芾会作如是合理想象。第三句用转笔，转出别意，是说眼前垂虹桥边的无限秋色催人诗兴，我要写一首好诗，寄给陆羽，请他给予评判。“桑苎”，即唐代诗人陆羽，字鸿渐，自号桑苎翁，隐于湖州苕溪，与张志和、皎然交好。嗜茶，著《茶经》。可能陆羽也有过游垂虹桥的诗，宋时米芾还

沈周《两江名胜图·垂虹桥》

能看到，才有本诗的第三句，但陆诗今已不传。米芾很满意这首诗，有书迹留存至今，苏州留园内还存有此诗之刻石。刻石上“寄”作“继”字，全句为“好作新诗继桑苎”，意谓我继陆羽之后，为垂虹亭写作好诗。这样讲，似乎诗味更浓一些。

画家米芾面对美景，仅仅吟成一诗，可惜没有把它描绘下来。三百多年以后，明代大画家沈周画了一幅《垂虹桥》的册页，载《两江名胜图册》，我们可以获睹昔日垂虹桥的风采。特别是在垂虹桥已经圮塌、桥的周边都是高楼大厦的今天，沈周的画更具有重大的文化价值。画幅下部画垂虹桥，横亘于画幅上，上画桥栏，下画桥孔，笔墨严谨细密，桥畔缀以洲渚、树木、舟船，起着陪衬作用。画幅中部留下大片空白，以状浩渺的太湖，远处一抹云山，在水天之际。沈周自题一诗：

长虹引南北，横截太湖流。
步月金鳌背，啸歌天地秋。

诗的首句点题，径直从垂虹桥下笔，前两句写出垂虹桥的形貌及其功能。长长的垂虹桥，引接着南北的道路，便利过往；横截太湖的水流，使舟船免于风波，功在千秋。诗的三、四句，写夜游垂虹桥的情兴。诗人在月光下漫步垂虹桥上，好像踏在金色的鳌鱼背上，为满天的秋色发出长长的啸歌。文嘉的题画诗也说：“泊舟步桥上，明月当清秋。”他与乃父一样，陶醉于“垂虹秋月”之美中，尽情地品味、领略大自然赐予的审美享受。

五百年前，在垂虹桥边，曾出现过三十余位吴门名贤雅集饯送戴昭的动人情景。戴昭，安徽休宁人，来吴游学，从唐伯虎学画，从薛世奇学《易》，他为人“言动谦密，亲贤好士”，深得吴门名士沈周、杨循吉、祝允明等人的欣赏。明正德三年(1508)八月，戴昭回乡，三十余位名士至吴江垂虹桥送别，唐寅为之作《垂虹别意图》，祝允明题引首“垂虹别意”四字，题了一首诗：“把手江南奇绝处，石栏高拍袂难分。胸中故有长虹在，吐作天家补衮文。”另外还有沈周、文徵明、唐寅等三十余人的诗，题在卷后。这件珍贵的艺术珍品，记录着众多吴门才子对安徽学子戴昭的深厚情谊，现在由美国著名收藏家顾洛阜先生收藏。

德政惠民　桥传令誉

苏州是泽国水乡，城内外桥梁众多，其中关涉历史文化的古桥，如乌鹊桥、皋桥、枫桥、乘鱼桥、垂虹桥等，名闻四海。而在澹台湖和运河交汇处的宝带桥，西通太湖，襟带三江，横卧水波之上，如天外飞虹，景色尤为壮丽，素来受到文人的青睐，明代画家兼诗人文徵明、清代著名诗人夏完淳，都有《宝带桥》诗，而徐崧的《见宝带桥重修有作》一诗，于写景之外，颇多感慨：

澹台湖在具区东，利涉全资宝带功。
山对楞伽邀串月，塘连葑水捍冲风。
石狮对坐行人过，水鸟群飞钓艇通。
乱后圮崩谁再建，捐资直欲媲王公。

徐崧（生卒年不详），字松之，号臞庵居士，吴江人。少从史玄游，素负诗名，与明末清初名家钱谦益、潘耒、徐乾学、尤侗等人交游，诗酒往还。好游名山大川，足迹遍吴中，实地考察苏州各地名胜古迹，辑成《百城烟水》。

宝带桥旧影

诗的首联总起，先交代宝带桥的位置，在太湖之东的澹台湖上。

具区，即太湖，朱长文《吴郡图经续记》卷中："太湖，在吴县南，《周官》、《尔雅》谓之具区。"次写宝带桥有利于渡涉的功用。颔联和颈联全力写景，前两句写远景，宝带桥遥对楞伽山，邀来串月的美景，也就是说，宝带桥也能看到串月的奇观。串月，本是楞伽山畔石湖迎春桥的景观，袁景澜《吴郡岁华纪丽》卷八云："葑门外澹台湖宝带桥，亦有串月之说。"徐崧诗正可证此说。桥边水塘连接葑水，缓解风的冲力和水的流速。诗人在写景时，兼带说出宝带桥的水利功能。后两句写近景，宝带桥头坐着一对石狮子，千百年来看着行人从此经过，行人中有许多是辛劳的纤夫。一群群水鸟从水面飞掠，呵护着钓船由桥下通过，赋予无情之物以人的情感，倍感亲切。诗的尾联，徐崧发出深深的感慨和赞叹，说此桥经明末清初的战乱，已经圮崩，有谁来重建？现在有人来重修，捐助建桥资费的人，正可与王公相媲美。从诗意看，当时重修，资费由许多人捐助，无法一一胪举，只能用"谁"这个不定代词来表达，而他们的义举，足以与王公相提并论。

诗中的"王公"，指的是谁？徐崧的《百城烟水》卷三有记载：

今日宝带桥

宝带桥，唐刺史王仲舒鬻宝带助建，故名。后复圮，架木以济。明正统间，巡抚周公忱（戒有司节官费备用）重建。（凡五十三洞，石二千六百丈，木四万二千五百株，灰二十四万三千六百斤，铁一万四千斤，米二千六百石。陈循记。）康熙癸丑重建。

癸丑，康熙十二年（1673）。明正统年间重建时，徐崧尚未出世。徐崧见宝带桥重修，必在康熙年间。他有感于近世众人捐资修桥的义举，更追念唐代苏州刺史王仲舒鬻宝带建桥的高风亮节，感发兴会，写下本诗。王仲舒（762—823），字弘中，山西太原人。贞元十九年（803），中贤良方正、直言报谏科制举，授右拾遗，历仕右补阙，进礼部、考功、吏部三司员外郎。唐宪宗元和五年（810），任职方郎中、知制诰，后历仕峡、婺州刺史，元和十三年，任苏州刺史，所至皆有善政，韩愈称赞他"政成，为天下守之最"（《唐江南西道观察使王公神道碑》）。守，即太守，赞仲舒是天下刺史中最有德政的人。朱长文《吴郡图经续记》卷上"牧守"："史称王仲舒之为刺史也，'堤松江为路，变屋瓦，绝火灾，赋调常与民为期，不扰自办'。"他善古文，长于制诰，文思清雅，"有古风"。韩愈与他交密，仲舒卒，为之作墓志铭、神道碑。

苏州黎民百姓为了永远纪念这位德政惠民的地方长官，便以"宝带"命名这座桥，称颂他为苏州人办了一件利于交通、水利的好事。吾吴素传清廉之风，三国时代陆绩，解任归苏，身无财宝，乃以巨石压舱，称为"廉石"，成为万世楷模。唐代陆贽，拒受鞭靴之礼。宋代范仲淹忧乐关乎天下。而郡守王仲舒捐出宝带助建长桥的令名，更是常在人口。他们这种清正廉洁的品格和精神，长远地激励着苏州的长民者。

千年汉柏　清奇古怪

苏州名人李根源先生将光福司徒庙四棵古柏和拙政园文徵明手植的紫藤、环秀山庄的假山和织造府的瑞云峰，称为“苏州四绝”。司徒庙古柏，形态怪奇，名不虚传，已有近两千年的历史，堪称一绝。乾隆皇帝为四柏赐名“清”、“奇”、“古”、“怪”，这位文化素养很高的帝王，用极为雅洁的文字，准确地为四柏的审美形态定位，于是四柏声名鹊起，很多文人雅士相继题吟咏唱。这里选读孙原湘的《司徒庙古柏》：

司徒庙中柏四株，但有骨干无皮层。
一株参天鹤立孤，倔强不用旁枝扶。
一株卧地龙垂胡，翠叶却在苍苔铺。
一空其腹如剖瓠，生气欲尽神不枯。
其一横裂纹萦行，瘦蛟势欲腾天冲。

孙原湘（1760—1829），字子湘，苏州昭文（今常熟）人，嘉庆十年（1805）进士，官至武英殿协修，才志清逸，博学工诗，往往有奇辟之境，诗宗太白，读者称之为谪仙人。著有《天真阁集》。本诗用七古写成，全诗十句，首联总起，简单描述庙中四柏有骨无皮的生态特征。其下四联，分写四株古柏。

千年汉柏

次联两句写“清”柏，说它一株参天，倔强生长，不用旁枝扶持，像独立的仙鹤。诗歌意象自然比“清者一株挺直，茂如翠盖”（沈复《浮生六记》），“一株直挺而青葱”（顾震涛《吴门表隐》）的文句要生动形象得多。还有的诗人将它比作人，“一株郅偈（矗立貌）干云霄，众条纷敷酌宜当。气象尊严若王者，雍容冠服朝堂上”（黎光曙《四柏行》），以主干挺劲的“清柏”比拟仪态从容、坐于朝堂的王者，很有气魄。当代国学大师钱仲联先生的《司徒庙观清奇古怪四柏》诗，更联想到了杜甫诗里孔明庙前的柏树，唱道：“孔明庙外参天柏，低首多应作后生。”三国时代的柏树，对着汉柏，当然要低头作后生了。

第三联写“奇”柏，形容它像一条卧在地上的龙，垂着胡须，翠叶铺在苍苔上，这与“僵龙卧地布满枝”（《司徒庙观清奇古怪四柏》）的描写相仿佛。诗歌意象可以与“奇者卧地三曲，形同之字”（《浮生六记》），“一枝中折坠地，复挺而荣”（《吴门表隐》）互相参看。

第四联写“古”柏，描写它腹体空裂，如剖开的瓠，生气欲尽而神不枯萎。诗歌意象可以与“古者秃顶而扁阔，半朽如掌”（《浮生六记》），“一株皮秃，中裂分两株而竞茂”（《吴门表隐》）的文字记载互相参看。

第五联写“怪”柏，描写它纹理盘旋，气势好像是欲冲天腾飞的瘦蛟，诗歌意象自然比“怪者体似旋螺，枝干皆然”（《浮生六记》），“一株干木皆作螺旋”（《吴门表隐》）的文字记载更灵动有神气。

全诗运用风云变态之才思、蛟龙盘曲之笔势，着意刻画了司徒庙四株古柏的形态和神貌，歌颂了古柏遭受毁灭性的雷击而仍然顽强生存下去的力量，因此，它是一首姿态美的颂诗，更是一曲生命力的赞歌。

有关古柏的传闻，众说纷纭，扑朔迷离。沈复《浮生六记》说：“相传汉以前物也。”徐崧、张大纯《百城烟水》卷二载邓将军祠“在山南湖滨，有古柏”，祠祀东汉太尉邓禹，山因名“邓尉”。《光福志》据明人徐桢起碑阴云：“吴中庙祀，不知始于何时。”顾震涛《吴门表隐》卷二载四柏“在玄墓汉司徒冯异庙，晋时物”。同书卷二又云：“邓将军庙有三：一在光福南街，有古柏。”甚至还有邓禹手植四柏的传说，各持己说，莫衷一是。我们从至今还活着的千年古柏的物质残存中，寻探到汉代吴人缅怀匡扶汉室中兴的英雄人物邓禹的深情和精神，让这个美丽的传说永远流传下去吧！至于这个传说的确切内涵，已经没有考察的必要了，因为实在难以稽考。

天平红枫　珊瑚灼海

杜牧《山行》诗云："远上寒山石径斜，白云生处有人家。停车坐爱枫林晚，霜叶红于二月花。"诗人用洗练的笔墨，鲜明的色彩，写出自己独赏枫叶的审美感受，也给人以很深的哲理启示，脍炙人口，成为大家爱读的一首赏枫诗。

吴人也有赏枫的雅举。顾禄《清嘉录》卷一〇记载："郡西天平山，为诸山枫叶最胜处。冒霜叶赤，颜色鲜明，夕阳在山，纵目一望，仿佛珊瑚灼海。"李果则专门有一篇《天平山看枫叶记》，详细记载了赏枫的路径及其景观："泛舟从木渎下沙河，可四里，小溪萦纡。至水尽处登岸，穿田塍行，茅舍鸡犬，遥带村落。纵目鸡笼诸山，枫林远近，红叶杂松际，四山皆松、栝、杉、榆，此地独多枫树，冒霜叶尽赤。天气微暖，霜未著树，红叶参错，颜色明丽可爱也。"苏州诗人们留下了许多赏枫诗句，如程嘉燧《九月重过天平白云寺题壁》："窗间乱石无冬夏，添

珊瑚灼海

却丹黄几万层。”枫叶或黄或赤，参错相间。陆鼎《天平山看枫叶》：“天半明赤霞，叶叶霜透看。”袁景澜《天平山看枫叶》：“青女行霜下空碧，一扫千林变成赤。”枫叶经霜则尽变赤色，故曰“丹枫”，红叶烘染云霞，故曰“赤霞”。顾莼的《吴中风景》诗，写天平赏枫景，可称佳制：

丹枫烂漫锦妆成，要与春花斗眼明。
虎阜横塘景萧瑟，游人多半在天平。

顾莼（1765—1832），字吴羹，又字希翰，号南雅，苏州人，家住玄妙观前碧凤坊。嘉庆七年（1802）进士，授编修，擢翰林院侍读，督学云南，官至布政司副使。平生尚气节，砥躬砺行，刚正不阿，为吴中第一流人，时人将他和唐代陆贽并称。擅书画，诗文学苏轼，格高调雅。居词馆三十余年，有“文坛耆宿”之美誉。著有《思无邪室遗集》六卷，今存。

丹枫烂漫

本诗描写天平枫树美景，运倒卷之法，倒置时空顺序，写法与杜牧之《山行》迥异。诗先从丹枫景象着笔，时已深秋，枫叶破霜红透，色彩烂漫，远望像是锦绣妆成。次句紧承，说这“似花非花”的红枫叶，要与春花争艳斗妍，诗意从杜牧“霜

叶红于二月花”脱化而来。这样写，用炫人眼目的意境，取得先声夺人的艺术效果。第三句一转，不再写枫叶，却运用撇开法，排除虎丘、横塘这些景区，说那里冷落萧瑟，最后才归结到“天平山”，游人被丹枫所吸引，大多数都涌到天平山去观赏枫叶。诗句首尾呼应，令人印象深刻，突现“天平山看枫叶”的题旨。

苏州除了天平山以外，可以赏枫的地点很多，如洞庭东、西山，沈朝初《忆江南》词云：“苏州好，船泛洞庭秋。一片枫林围翠嶂，几家楼阁叠丹邱。仿佛到瀛洲。”到东、西山观赏红枫，犹如到了仙山。苏墨香《西山看红叶》：“远眺篷窗两岸枫，牧牛卷北暮云空。船娘画桨轻摇荡，生怕翻波洗却红。”思致极佳。又如石湖、吴山，张大纯《吴山看枫叶》诗云：“行春桥畔好停车，十月峰头烂绮霞。岂是锦帆从此过？漫疑朱羽更无哗。乌栖不报苏台晓，鹿走犹惊汉帜斜。香水花洲俱是梦，年年枫叶为谁夸。”姚承绪《吴趋访古录》卷二“吴山”亦云：“霞明古寺枫千树，秋落吴山影万重。”古寺，指治平寺。还如虞山吾谷，徐崧、张大纯《百城烟水·常熟》：“吾谷，在阜城门外三里许虞山之阳，冈峦回抱，乔木郁然，霜后丹枫，望若锦绣，骚人韵士往往觞咏其下。”

尽管如此，吴地赏枫还是以天平山最负盛名，因为那里枫林成片，比较集中，且可登山腰观枫，上有望枫台，俯瞰枫林，若霞标煜爚，珊瑚灼海。范坟前有大枫九株，名“九枝红”，最引人瞩目，袁景澜《天平山看枫叶》诗有句“九枝红照幽人宅”，是也。苏州人相约十月间登天平山看枫叶，车马盈路，络绎不绝，古风遗韵一直延续到今天，真是吴中奇观。

金庵罗汉　巧夺神工

苏州是一座历史文化名城，自然会遗留下许多古典的艺术品。就雕塑艺术而言，角直保圣寺有北宋艺人塑的半壁罗汉，东山紫金庵有南宋雷潮夫妇的十八罗汉像，都是名闻遐迩的艺术精品。关于紫金庵的罗汉像，文字记载较少。明代诗人顾超《紫金庵》诗："山中幽绝处，汉以此居先。绿竹深无暑，清池小有天。笑啼罗汉像，文字道人禅。最好梅花候，高窗借过年。"诗句主要描写紫金庵的景色，只有一句写到罗汉像，很不具体。而大灯和尚的《金庵十八罗汉歌》，摹写罗汉之形神，极有艺术魅力：

紫金庵罗汉

金庵罗汉形貌雄，慈威嬉笑惊神工。
当年制塑出奇巧，支那国中鲜雷同。
擎拳降猛虎，举钵伏狞龙。
神通各显无暇日，我来一喝俱敛容。
修眉大士嗒然笑，手持藤杖称最老。
与彼群公前致辞，山中结屋愿须早。
潺潺深涧可忘饥，不待安期赠丹枣。
他时游戏返天台，共尔崖头拾瑶草。

大灯，明末清初诗僧，俗姓项，字同岑，秀水（今浙江嘉兴）人，住西山桔香庵，苦吟清啸，超然世外，与著名诗人屈大均、汪琬唱和，著有《洞庭诗稿》六卷。"金庵"，即洞庭东山紫金庵。"十八罗汉"，大灯当日见到的罗汉是十八尊，今庵内存十六尊。罗汉，阿罗汉的省称，《住信记》说十六罗汉都是释迦牟尼的弟子，唐代贯休和尚梦见十

六罗汉，画下来，欧阳炯作长歌《贯休应梦罗汉图歌》，细致生动地描画十六罗汉的形貌，为我们保存了早期罗汉像的真相，具有极高的文献价值。宋以后，人们或加降龙、伏虎，或加宾头卢、庆友，或加摩耶夫人、弥勒，构成十八罗汉。从大灯诗“擎拳降猛虎，举钵伏狞龙”两句看，紫金庵的十八罗汉，加的是降龙、伏虎二罗汉。

本诗是一首歌行体古诗，平仄交替用韵，将此歌分为二个层次。第一层次八句，用上平声一东、二冬韵，总写十八罗汉的形貌。开端二句说他们形貌雄奇，有的罗汉慈祥，有的罗汉威严，有的罗汉嬉笑，神态不一，栩栩如生，人们观赏后惊叹不已，赞叹匠师工艺高超神奇。次二句紧承“惊神工”的诗意，再次发出唱叹，追溯当年匠师制塑时显出奇巧的工夫，整个中国很少有相似的作品可以媲美。“支那国”，即中国。唐义净《南海寄归内法传》：“且如西名大唐为支那者，直是其名，更列别义。”再次二句，描写伏虎罗汉正擎起拳头降伏猛虎，降龙罗汉正举起降龙钵镇伏恶龙，写得生动逼真。这一层最后二句，将泥塑罗汉当做真人，说他们各显神通，没有空暇的日子。我来罗汉堂，大喝一声，他们都止声敛容。

第二层八句，从平声韵换作仄声韵，上声十九皓、去声十八啸通押。前二句为过渡句，续写十八罗汉，其中一位修眉大士，是十八罗汉中最老的一尊，手持藤杖，神情沮丧，强露笑容。欧阳炯《贯休梦应罗汉图歌》“硬筇杖，矮松林，雪色眉毛一寸长”，即是。此下六句，转笔写大灯和尚及其他和尚（“群公”）的意愿，他们上前向十八罗汉“致辞”，愿及早在山中结茅造屋，陪伴众罗汉。佛法无边，在这潺潺深涧里竟忘掉饥饿，不用等待仙人安期生送来丹枣充饥，日后大家一同去天台山，在山崖上拾取瑶草度日，不吃人间烟火食。“安期”，即安期生，先秦方士，后来成为道家仙人。《史记·武帝本纪》记载，汉武帝时，仙人李少君在海上遇见安期生，食巨枣，大如瓜。“天台”，山名，在浙江天台县，是佛教天台宗的发源地。僧人的最高愿望是修成正果，成佛成仙，大灯诗正好表达出这种夙愿。大灯本身是个和尚，经常供养罗汉，所以他描写罗汉，能形神兼具，比顾超写得好。

紫金庵的十八尊罗汉像，相传为南宋民间工艺家雷潮夫妇的杰作，塑像造型准确、姿态生动、表情细腻、形神兼具，确为泥塑艺术的精品。大灯和尚采用句法自由的歌行体，诗思灵活，巧妙运用拟人手法，以奇巧的艺术构想，再现十八罗汉的艺术美，十分有助于人们对此艺术精品进行观摩和欣赏。

湖山一览入仙境

本图是唐寅画的《湖山一览图》，今藏北京故宫博物院。

唐寅《湖山一览图》

唐寅（1470—1523），字子畏，号伯虎，又号六如居士，长洲（今江苏苏州）人。年轻时，才华横溢，与文徵明、祝允明、徐祯卿合称“吴中四才子”，明弘治十一年（1498）中应天府（今江苏南京）乡试第一名解元，会试时，因无辜牵涉科场舞弊案而被革黜，后以卖字画为生，怀才不遇，坎坷终生。画师周臣、沈周，擅画山水、人物、花鸟等，王世贞评其画“行笔极秀润缜密而有法度”（《艺苑卮言》）。与沈周、文徵明、仇英合称“明四家”。著有《六如居士全集》，近人周道振辑校《唐伯虎全集》，较为齐备。

这幅画画的是苏州的太湖风光。画幅下部画山石，用小斧劈皴法画出，颇有立体感，杂树丛出山石间，村舍

掩映于树丛中，有水榭一座，临湖矗立于山石上，有人正倚栏观赏湖山胜景，一览无遗，似入仙境。上部画远山远水，淡淡的山影、洲渚，点点帆帆，隐隐约约。全图布局呈现出鲜明的特色，近景物象密集，墨色较浓重，使画面有稳重之感；远景物象疏朗，墨色较轻淡，甚至若有若无，表现出缥缈之感；近、远景构成强烈的比照和互补的艺术作用。整幅画空间极为宽阔，中间大块空白，状湖水之浩淼，况湖天之壮阔。全图意境空灵杳远，深得太湖风光之真趣，与唐寅山水画“尚密”的美学特征迥然异趣。画的右上方，唐寅自题一诗，左上方，爱新觉罗·弘历题写和诗二首。唐寅诗云：

红霞潋滟碧波平，晴色湖光画不成。
此际栏干能独倚，分明身是试登瀛。

题诗用常格写成，先从画面景色契入，描写湖水碧波荡漾，无边的红霞映入湖波中，霞光万道，这一派晴天的湖光天色，很难用画笔把它描绘下来。两句诗，很容易使人们联想到苏轼的名句：“水光潋滟晴方好，山色空濛雨亦奇。”（《饮湖上初晴雨后》）本诗与苏诗一样，写出了晴天湖光山色之壮美，令人为之倾倒。“画不成”三字，抉出绘画艺术上一个难题，自然界无穷的光色变幻，确实很难描绘出来，然而，题画诗却能唤起读画人的艺术想象，可以弥补这个缺憾。

下半首，诗笔一转，诗人忽发奇想，由画面生发感慨，说此地若能独倚栏干，分明是试着登上瀛洲仙山，亲身体验进入仙境的独特感受。画家在此写出自己一览湖山的审美体验，点明画外意，他真想登上仙山，遁入山水中，远离尘世，摆脱种种烦恼。“瀛”，瀛洲，传说中的三神山之一。唐寅的这番心思，被清代皇帝乾隆看出来了，所以他在和诗中写道：“自是远离尘俗地，画家何乃羡登瀛。”可见，他是读懂了唐寅的诗和画的。

壁峭湖明　旷如悠然

过惯了高楼大厦、车水马龙城市生活的苏州人，利用假日，到湖山清嘉的地方去寻幽访胜，休憩消遣，当别有一番风味。苏州邓尉山附近的石楼、石壁，该是一个好去处。偶读黄安涛《吴下寻山记》云："山僧复导游万峰台，台踞石楼之颠，为元万峰禅师修道处，湖光岚翠落眉睫间，奥如旷如，兼有其胜。""去登石壁，一名蟠螭山，列嶂如屏风，阔数十丈，势同削成，与石公之联云略似。跻其巅，览太湖，不啻莫厘光景，惟高不逮耳。"这一带的风光，恰恰被清末四大词家之一的郑文焯尽收笔底，其《浣溪沙·从石楼石壁往来邓尉山中》云：

一半黄梅杂雨晴，虚岚浮翠带湖明。闲云高鸟共身轻。　　山果打头休论价，野花盈手不知名。烟峦直是画中行。

郑文焯（1856—1918），字俊臣，号小坡、叔问，晚号大鹤山人，汉军正白旗人。光绪元年（1875）举人，官内阁中书。爱吴中山水，遂客居苏州数十年。善诗、书、画，尤工于词，有《瘦碧》、《冷红》、《苕雅》、《比竹余音》等，合编成《樵风乐府》。"石楼"，位于光福潭东弹山西半坡竹林中，有寺名"石楼精舍"。"石壁"，在光福

石壁山摩崖石刻

潭东蟠螭山顶，面对太湖，山形陡峭，石如壁立，景色奇绝，故名。本词前阕三句，直接写景。首句说时下正是黄梅以前的节候，梅子黄了一半，时晴时雨。次句承上，“杂雨晴”的天气，带来虚空中山岚迷弥、岩间翠色浮动的独特景观，呼应上句的“雨”；受到阳光的照射，带来太湖湖水的明澈，呼应上句的“晴”。由“晴”、“湖明”，又带出第三句。如果阴雨连绵，便不可能出现云去闲、鸟飞高的景观，正因为天气晴朗，于是便出现白云闲游、众鸟高飞的深远意境。这句词，妙用李白《独坐敬亭山》“众鸟高飞尽，孤云独去闲”的诗意，“闲云”，从太白诗的对句化出；“高鸟”，从太白诗的出句化出，运化自然，了无痕迹，如若己出。这里更用了杜甫《送蔡都尉》“身轻一鸟过”的诗意。郑文焯烂熟唐诗于胸中，所以能随手拈来，运化入词，达到如此高超的境界。“轻”，是词人的主观感觉体验，云也轻，鸟也轻，其中也渗透进郑文焯悠闲、轻松的审美愉悦感。

词的后阕，前二句可对可不对，但词人运用对偶句，于写景、叙事中轻涉议论，写自己山行时随任自然的惬意和快感。山里果实累累，随时坠落，皆可拾取，不论价钱，路边野花盈望，唾手可得，不必知道它们的名称，此时此地，随心所欲，无所拘谨。词的煞尾，收结全词词意，从石楼、石壁到邓尉山的山路，在乍雨乍晴的氛围中，岚霭叆叇，一路尽是“烟峦”。人行其间，如在画中。读词至此，我们不禁为郑氏的绝妙好词击掌，他毕竟是一位画家，用画家的眼睛细致地观察繁复多变的气候物象，捕捉蕴含于大自然中之美，并用精美的语言将它们表现出来。

本词作于光绪二十五年（1899），即己亥岁，正好是“戊戌政变”的第二年。词人当国势危厄之际，自身又难展奇才，故其词多怆怀身世，孤愤满腔，神意凄婉。然而他独爱吴中山水之幽胜，流连忘返，陶写性灵，这类词的风格则又以清旷澹远为胜，呈现出另一副面目。读了他的《浣溪沙·从石楼石壁往来邓尉山中》，自然能体识本词的审美特征，更能体识到词人当时陶情于山水的深层心态。

可以与本词媲美的是汪芑的《石壁》。诗云：

憨公栖隐处，山背精舍辟。
峭壁疑削成，晴耸太古碧。
茶烟扬禅榻，竹色照岸帻。
空翠不可扪，青寒落几席。
夕阳半岭秀，云气全湖白。
悠然埃壒外，高吟愧谢客。

汪芑（生卒年不详），苏州人，工诗词，人称“盘溪才子”。著有《茶磨山人诗集》。石壁有永慧禅寺，又名“石壁精舍”，汪芑的诗，非常精当地描绘出石壁景色

唐寅画作

的审美特征。首二句点题，写石壁精舍，“憨公”，指憨山大师，相传这里是他的结茅之地，故云“精舍辟”，辟，是开辟的意思。“峭壁”二句，形容石壁山的陡峭，好像用刀切削而成，晴天里，它耸立在碧空中。因为年代久远，故曰“太古”。“茶烟”二句，写寺中景色，禅榻边飘扬起烹茶的烟，翠绿的竹色映照在游人的头巾上。“空翠”二句，形容山里的岚气，岚气被翠绿的竹树映成翠色，故曰“空翠”，因青色而生凉意，故曰“青寒”，岚气不可捉摸，然而它弥漫于几席间。“夕阳”二句，写薄暮的晚景，受夕阳的斜照，半岭益发秀美，傍晚水面充满雾气，整个湖面出现蒙蒙白色。在如此幽静雅洁的胜境中，诗人自然要高声吟唱，但是比起山水诗人谢灵运来，不能不有愧色。“谢客”，指六朝诗人谢灵运，他小字客儿，故云。汪芑的诗，结束在悠长的情韵中，给人以不尽的审美享受。他的诗与郑词互为映发，相与申补，共同再现石楼、石壁这一带湖山之美，足以供人吟赏。

迹与豺狼远　心随鱼鸟闲

苏州沧浪亭，是苏州园林中最为古老的一座园子，具有古朴清平之风格。沧浪亭原是五代时中吴军节度使孙承祐的池馆，宋庆历年间，苏舜钦因“以罪废，无所归”（《沧浪亭记》语），来到苏州，以“四万钱”（欧阳修《沧浪亭》：“清风明月本无价，可惜只卖四万钱”），购得之，构筑“沧浪亭”。宋朱长文《吴郡图经续记》卷下说：

苏子美沧浪亭，在郡学东。子美既以事废，乃南游吴中。一日过郡学，东顾草木郁然，崇阜广水，并水得微径于杂花修竹之间，趋数百步有弃地，乃中吴节度孙承祐之池馆也，坳隆胜势，遗意尚存。子美买地作亭，号曰“沧浪”，前竹后水，水之阳又竹无穷，诸公多为之赋诗。

南宋龚明之《中吴记闻》亦有相似之记载，苏舜钦用《楚辞·渔父》中的歌词“沧浪之水清兮，可以濯我缨；沧浪之水浊兮，可以濯我

沧浪亭外景

足”的诗意，为自己的池馆取名“沧浪亭”。这段歌词，本是渔父劝导屈原的话。苏舜钦还写了一篇《沧浪亭记》，叙得园的经过，最后大发感叹，说：“予既废而获斯境，安于冲旷，不与众驱，因之复能见乎内外失得之源，沃然有得，笑傲万古，尚未能忘其所寓目，用是以为胜焉。”他以此坦示自己的心志和造园的宗旨。

苏舜钦在沧浪亭中生活的时间很短，庆历五年（1045）开始营造，他在庆历八年便逝世。即便如此，他还是写了不少表现园居生活的诗篇，就中两篇很有意趣，一为《沧浪亭》：

一径抱幽山，居然城市间。
高轩面曲水，修竹慰愁颜。
迹与豺狼远，心随鱼鸟闲。
吾甘老此境，无暇事机关。

苏舜钦像

苏舜钦（1008—1048），字子美，梓州铜山（今属四川）人。参知政事苏易简之孙。景祐元年（1034）进士，累迁大理评事、监奏议院。在当代党争中，他属于范仲淹的新党，庆历四年（1044），被诬盗用公款，除名为民。第二年来苏州，流寓于此。工书，善诗文，诗风豪健，与梅尧臣齐名，有《苏学士全集》。

沧浪亭内部布局，以一座土石结合的假山为主体，“幽山”，即指此。一条小径，蜿蜒曲折，人们漫步其间，自有山林泉石之野趣，不知道这居然还在城市中。颔联分写“轩”与“竹”。从诗句看，苏舜钦初建园林时，便筑有面水的高轩。这个景点，至今尚在，称为“面水轩”，便以苏诗题名。沧浪亭多竹，朱长文《续记》说：“前竹后水，水之阳又竹无穷。”无穷的修竹，可以慰藉我的愁思。不说愁思，却说“愁颜”，既叶韵，又说忧愁的情思，落在脸上，故云。颈联，直抒胸臆，住在园中，形迹与豺狼远隔，心与鱼鸟共闲，很安心。这真是《沧浪亭记》“鱼鸟共乐”“观听无邪”文意的诗化。尾联大发感叹说：吾甘愿终老在这境界中，

无暇去做那些钩心斗角、弄权欺诈的事。“机关”，权谋机诈。以上诗句，都是有感而发，是苏舜钦远离政治危机以后内心的真实写照。

二为《初晴游沧浪亭》：

夜雨连明春水生，娇云浓暖弄微晴。
帘虚日薄花竹静，时有乳鸠相对鸣。

这首诗脍炙人口，反映诗人园居生活的闲情逸趣，意象浑融，意境深蕴，不着一个“逸”字而逸趣横生。首句写眼前景，直笔抒写，夜雨连绵，直到天明，池塘涨满春水。次句描写雨停乍晴时的景象，天微暖，云尚浓，欲晴还阴，好像云在撒娇，故意捉弄阴晴，此句诗意全靠“娇”字透逗。第三句仍然写视觉形象，透过薄薄的窗帘，诗人看到傍晚时分的花竹，静静地在园中依傍着。“日薄”，傍晚，薄，迫近。第四句转而听觉形象，在极为静谧的境界里，时时听到小斑鸠相对啼鸣。谚云：“鹊啼晴，鸠啼雨。”斑鸠不停地鸣叫，预示着还将下雨。本句与第二句遥相呼应，“浓云”、“弄微晴”的欲晴还阴的天气和声声鸠鸣相应，正是天还将下雨的征兆。这种诗境，不是单纯的写景，诗人将自己企盼天晴、忧虞阴雨的心境融入景物描写之中，正是他遭贬心态的自然流露，大有唐人风韵。这也许正是大家爱赏本诗的缘故吧！

苏舜钦《沧浪亭》和《初晴游沧浪亭》两诗，诗旨相似而写法迥异，前者直抒胸臆，较为真率；而后者却含蓄蕴藉，意含言外，情韵悠长，耐人寻思。游沧浪亭而不咏味苏舜钦这两首诗，直如“得椟遗珠”，诚乃游苏的一大憾事！

缥缈峰顶 万象罗胸

吴郡有七十二峰，西山缥缈峰最为壮观。范成大《缥缈峰》诗自注："西山最高峰。"徐崧、张大纯《百城烟水》卷一："缥缈峰，最高，登其颠则吴越诸山隐隐在目，又有上方、下方、石公、龙头、金铎、渡渚诸山，虽皆山之支陇，而逶迤起伏，灵栖邃构随高下，各擅其胜。"郡人春日、秋月游山，必登此峰，文人雅士撰文纪游、吟诗写景，络绎不绝，多得不胜枚举。著名诗人陆龟蒙、皮日休、范成大、文徵明、王鏊、吴伟业等人，都有《登缥缈峰》诗。这里介绍一首申时行的《晚步缥缈峰》，诗云：

孤峰缥缈入云烟，十载重来至绝顶。
纵目平临三界尽，掇身独傍九霄悬。
浮沉岛屿飞涛外，断续汀洲落照边。
呼取一樽收万象，狂歌欲醉五湖天。

申时行（1535—1614），字汝默，号瑶泉，长洲（今江苏苏州）人。明嘉靖时状元，历仕翰林修撰、吏部尚书、宰相，后辞官归里。卒谥文定。评弹《玉蜻蜓》演绎其平生事，化名为金（徐）元宰，吴人家喻户晓。归苏后，与故友流连吟咏，文词清婉。著有《赐闲堂集》。

申时行过去登过此峰峰顶，"十载重来"，指他赴京任职十年后，再次登上峰头，自然感慨万千。诗的开端采用"倒戟法"的技巧。他本来应该先写登山事，再描写山景，可是他却颠倒了两句诗的时间顺序，突现岚气氤氲、云烟缥缈的富有诗意的境界，以此发端，更具艺术魅力。颔联分别从视觉、感觉两方面，写出自身的审美感受。自缥缈峰绝顶纵目望去，人世间各种境界完全收揽在眼前，在峰顶挺立身躯，仿佛独自悬挂在九霄之中，真有"星辰可摘九天上"（王鏊《登西山缥缈峰绝顶》

句)之势。“三界”,本佛家语,指人世间的欲界、色界、无色界,这里借喻人间的各种境界。颈联描写远处的景色,太湖里许多岛屿在飞动的波涛里或浮或沉,夕阳映照下的许多水边汀洲,似断还续。这两句诗景境阔远,意象灵动,色调清润,确是写景佳句。尾联例应收结。从何处收结?诗人不借登高以消豁愁怀,不为吴王霸业衰落发感慨,也不为身入仙境而赞叹,他却从大处落笔,写出自己登高望远时视野开阔、胸怀豁达的深切感受。“呼取一樽”,豪气雅兴毕现,意出吴文英《八声甘州·灵岩陪庾幕诸公游》:“连呼酒,上琴台去。”醉酒于浩渺太湖之上,兴发狂歌,收揽天地万象,尽入我胸中。诗句中“收万象”,内涵十分丰富,一切诗家、文人描写的登缥缈峰的景象,都可以包罗进去。如“日转林梢看鸟背,烟横谷口辨人寰”(王鏊《登西山缥缈峰绝顶》),“平湖万顷玻璃色,落日千寻缥缈峰”(文徵明《登缥缈峰》),“千峦百峰,俱以次匍伏,莫敢昂首仰视,即莫厘素号倔强,亦逡巡拜下风”,“白玉盆盛翠石累累,和盘托出”(金之俊《游洞庭西山记》),“湖波泱漭,涵天浸日,三州回环,两山横亘,所谓白银世界中鼎立青芙蓉者,登此乃能收其全势”(潘耒《游西洞庭记》),以上种种景象,他人能写出,申时行自然也能看到,但是,他受到七言律诗字数的限制,不可能一一加以描绘,只能用“收万象”概括之。

本诗的写法,很有特色。诗人在严整的律诗格式中,不断地变换写作手法,时而写景,时而叙事,时而抒情。写景则时而实写,摹写如画,时而虚写,意境空灵。尤其是中间两联对偶句,技法多变,句法多变,因而能不受格律拘束,力避雷同板滞之弊,正确处理好齐整性与多变性的辩证关系,读来诗思飞动,气势动荡,诗笔灵巧,很有艺术魅力。

申时行作为朝廷重臣,长期跟在皇帝左右,平昔谨言慎行,战战兢兢,自然写不出好诗来。一旦他回归乡里,登上高峰,拥抱大自然,身心肆放,艺术想象纵横驰骋,因而写出这样一首虚实相生、意境深远的佳作。

缥缈峰的景致,钟天地之灵秀,涵山水之雄奇,确实很美,范成大游览此山后,认为这里是排遣烦恼忧愁的好去处,他的《缥缈峰》就说过“莫愁怀抱无消豁,缥缈峰头望太湖”。登上缥缈峰,驰目远眺浩渺无际的太湖,确能涤去心中的烦闷。也有人愿意永远留在此山中,清刘继庄《缥缈峰》:“海风漫阻蓬莱棹,长向兹中老亦甘。”他的意思是,海风枉然吹阻了去蓬莱仙山的道路,只要能面对这美丽的景色,终老于此,也就心满意足了。

虞山枫林锦绣妆

画家熟谙家乡的山水风貌，笔下画出的家山，自然能得其韵而挹其神。沈周、文徵明爱写吴中山水，常熟画家喜画虞山，都是最好的例证。

王翚《虞山枫林图》

王翚《虞山枫林图》，今藏北京故宫博物院。这是一幅用黄公望笔意描绘家乡虞山深秋景色的设色山水画。画上自题跋语云："戊申小春既望，伊人道长过虞山看枫林，枉驾荒斋，述胜游之乐，临行，并嘱余图美景。"戊申，康熙七年（1668），王翚时年37岁。小春，即十月，俗名"小阳春"。题跋意谓，康熙七年十月，友人来虞山看枫叶，特意拜访自己，讲述游山的乐趣，并嘱将美景画出来。虞山看枫，在虞山之阳吾谷，骚人墨客往往吟咏其下，姚承绪写《吾谷》诗："泊舟枫江滨，弥望皆秋叶。何如吾谷行，丹渥更稠叠。炫如锦绣装，烂若云霞接。"（《吴趋访古录》卷五"常熟"）描写虞山丹枫景色，很生动。石谷应嘱，画成这幅

《虞山枫林图》，画幅层峦叠嶂，气势恢宏，苍松杂树间，夹着红枫，层林尽染，景色亮丽。农舍隐于苍润华滋的林木中，溪泉、平湖、板桥、行人，点缀其间，景色繁而不乱，意境深远，深得大痴翁之神韵。画幅左上方，有吴伟业的题诗：

初冬景物未萧条，红叶青山色尚娇。

一幅天然图画里，维摩僧寺破山桥。

吴伟业(1609—1672)，字骏公，号梅村，江苏太仓人。早年受学于复社领袖张溥，明崇祯四年(1631)一甲二名进士，历仕翰林院编修、南京国子监司业等官。入清，被强征入京，官秘书院侍讲、国子监祭酒，因奔继母丧南归，家居十四年而卒。遗嘱以僧服入殓，墓石不具官名，题“诗人吴梅村之墓”，墓葬在苏州玄墓山之北。《清史稿》有传。吴伟业以诗著名一代，尤以歌行体著称，人称“梅村体”。著有《吴梅村全集》。

题诗先从物候着笔，说刚入初冬，景物尚未萧条，枫叶红透，满山青翠，景色绚丽娇美，这与杜牧的“秋尽江南草未凋”(《寄扬州韩绰判官》)的景境相仿佛，充分显现出浓郁的江南秋色的美学特征。诗人并没有具体描写拂水岩“崖石陡峻，悬瀑如虹”的奇境，也不去具体描绘吾谷“霜后丹枫，望若铺锦”的美景，只用“红叶青山”概括地描写画面景色，再现了虞山初冬时节明丽动人的画境美。诗的第三句，直承前二句诗意，赞美这幅《虞山枫林图》真是一幅天然图画。结句新出别意，写到虞山的兴福禅寺。寺前有破山桥，故又名“破山寺”。维摩僧寺，这里指兴福寺。画面上并无寺院，诗写的是画外意，说画境附近有一座著名的寺院，直扣“虞山”画题。诗人将兴福宝刹这一虞山名胜写入诗中，为画幅增加了佛陀的光彩，增添了仙佛的灵气，提升了画幅的艺术品位。吴伟业是清初著名的大诗人，他多次为王翚的画幅题诗，说明他对王翚的提携和厚爱，为王翚画坛地位的确立作出过重要贡献。

王翚喜画家乡虞山景色，除本图外，还有《虞山十二景》、《虞山晓别图》、《虞山秋色图卷》等标明“虞山”的画幅。有一些画幅，虽然画题上没有标志，但实际上表现的正是家乡景物。即使在那些摹古的作品里也是这样，本图就是一幅用黄公望笔法描画家乡真山水的代表作品。这种画法，显然是受到同乡前辈画家黄公望的启发。王翚的《仿古山水图》(之二,今藏北京故宫博物院),是仿黄公望的《华山图》,石谷在题跋中说:“此幅乃写华山景,其石面则虞山峰麓也。”因为黄公望是虞山人,他便将家乡的山景融入到《华山图》中。王翚继承了这种绘画理念,在临摹古人画作时,与母体的造型、笔墨不尽相似,甚至相去甚远,只取其笔意,更好地表达他对家乡景物的审美感受。特别到他的中、晚年,在他的许多仿古作品中,都能见到家乡山水的特征和气韵,充分反映出王翚对家乡一往情深的真挚感情。

湖山交辉　置身画中

苏州著名画家、“明四家”之一的沈周，游常熟时写过一首《经尚湖望虞山》诗，将常熟两大名胜尚湖、虞山的美景，尽情地摄入诗中，充分显现出画家独特的审美视角和超卓的艺术眼光。诗云：

日午放船湖上头，虞山随船走不休。
高云仰见出翠壁，飞影下接沧波流。
青林人家隐山麓，鸡鸣犬吠闻中洲。
鸬鹚群栖竹叶暗，蜻蜓特立荷花秋。
莲歌渔唱尚互答，落景在树犹堪游。
小舟争渡各先去，独逆风波浑不忧。

这首诗采用比较灵活自由的古诗体式，着意描绘尚湖、虞山的景色。尚湖，即尚父湖，传说殷周时的姜尚曾在此垂钓，因而得名。湖与虞山相辉映，故又名照山湖。徐崧、张大纯《百城烟水·常熟》：“尚湖，在县西南四里。”“虞山临于湖上，其滨饶葭苇蒲荷，鱼鸟翔跃，民居栉比，率业鱼稻，柳巷映带，景最佳胜。”虞山，因虞仲尝隐居于此山，故名。此山东端伸入常熟城中，“半岭穿城起”（宋荦《雨中游虞山》）、“山俯严城千万户”（施震铨《游虞山》），素有“十里青山半入城”的美誉。登上山高处，近可瞰常熟古城，远可见江外诸山。诗的开端两句，直叩题面，以湖上行驶中的舟船为视点，仰望虞山，于是便产生“随船走不休”的审美体验。诗意既是诗题题意的延伸，也将两大名胜紧紧联系了起来。王佶《泛舟尚湖》：“棹转觉山回，香清见荷绕”，写出与石田相似的艺术意想。笔者曾游尚湖，乘坐画舫，缓行于烟波之上，亲身体验过“虞山随船走不休”的视觉享受。

“高云仰见”以下四句，采用湖、山交替描写的手法。“高云”句，写虞山，仰望虞山翠壁，出于高云之上，见其雄俊。“飞影”句，写瀑布泻入尚湖中。以上两句，叩题上“望”字意。虞山之南有拂水岩，沈德潜《游虞山记》：“拂水岩，水下奔如虹。”张寰《拂水岩用石田韵》：“短棹平湖消暇日，悬崖尽瀑自长年。”拂水岩泉，临风飞溅，因曰“飞影”。读诗至此，不禁令人想起李白《望庐山瀑布》“遥看瀑布挂前川”的名句，岂石田瓣香太白而暗承其意乎！“青林”句，写虞山；“鸡鸣”句，写尚湖。虞山山麓，人家屋舍隐于青林丛中；湖上洲渚，传来鸡鸣犬吠之声，知有人家在。诗句是“湖上民居栉比”的形象描绘。

“鸬鹚群栖”二句，抓住典型，描写湖中景物，水禽鸬鹚群栖于水竹丛中，故“暗”；蜻蜓独立于荷花之上，透出“秋”意。诗人通过鸬鹚、蜻蜓这些湖中事物，以小见大，写出尚湖湖波浩渺、水禽翔飞、葭荷饶多、草虫群聚的湖上独特景观。这两句诗，对偶很工整，古体诗本来不要求使用对仗，但诗人为了变换句法，偶或采用对偶句，这叫做“运律入古”。“莲歌”二句，写湖中的人文景观，采莲姑娘高歌莲曲，捕鱼郎清唱渔歌，歌声优美悦耳，还互相对答，充满着生活气息。时近薄暮，夕阳照在树上，“尚父湖边夕阳红”（柳亚子《题于右任诗集》句），催人游兴，犹堪游湖。以上诗句，叩题上“经”字意，写出船过尚湖的所见所闻，从距离之远近、事物之大小各个不同侧面，调动视觉、听觉等多种感官之功能，生动地再现了尚湖的自然美。诗人从“日午”起泛舟尚湖，徜徉于“山水交辉景万千”的湖山胜景中，到了傍晚，游

鸬鹚群栖

兴犹浓。沈周又是著名画家，他的诗“写景如画”，诗情画意完美融合，读来仿佛令人置身于图画之中。

虞山·尚湖

最后两句诗收结全篇，诗人没有直接写出自己游湖望山的感慨，却用对立联想的思维方式，写他人之游兴，小舟争渡，独迎风浪，各自远去，一点也不担忧，以他人之乐而无忧，反衬出自己乐而忘返的游兴，产生跌宕生姿的艺术效果，意味无穷。

今天，常熟已建立起虞山国家森林公园、尚湖风景区，虞山更加苍郁幽奇，尚湖更加秀丽旖旎。我们不妨利用休闲时间，到那里去走一走，在尚湖乘坐画舫，亲身领略沈周《经尚湖望虞山》诗的风韵和意境，写出比沈周更美的诗篇来。

悦性空心　境幽韵清

到过常熟的人，必游兴福寺。到了兴福寺，自然会想到常建脍炙人口的名篇《题破山寺后禅院》：

清晨入古寺，初日照高林。
竹径通幽处，禅房花木深。
山光悦鸟性，潭影空人心。
万籁此俱寂，惟闻钟磬音。

常建，生卒年里均未详。开元十五年(727)，与王昌龄同榜登进士第，仕途不得意，"沦为一尉"。常建诗多言及江南各地，当游历过江南。后隐于鄂渚。工诗，时人认为他和王昌龄是"当时之秀"(顾况

兴福禅寺(张军摄)

《监察御史储公集序》)。唐人殷璠《河岳英灵集》首列常建诗,选其诗十四首,数量为所选诸家诗之第三位,可见他在当时是很受重视的。今存《常建集》一卷。破山寺,即常熟兴福寺,始建于南朝齐代,唐懿宗咸通九年(868),赐名“破山兴福寺”。徐崧、张大纯《百城烟水·常熟》:“破山,在县北八里。志称昔有龙斗而山裂,故名。兴福禅寺在焉。”寺内有通幽轩、空心潭诸胜迹,池产千叶莲。

题诗按照游历的时间、路线渐次写来。首联写入寺的时间。“初日照高林”即是“清晨”的具体描写。首联为构成对句,打破了语言的语法顺序。次联描写进入后禅院的所见景色,先经过前禅院,通过竹径和深密的花木,才入后禅院。这两句诗,写得很好,境幽语清,自然流出,宋欧阳修很爱这两句诗,几次想效作,竟不可得。(事见《东坡题跋·书常建诗》)这一联,“通幽处”与“花木深”不能构成对仗,首联反而对,古人称此为“换柱对”。冒春荣《葚原诗说》卷一:“‘清晨入古寺,初日照高林。竹径通幽处,禅房花木深’(常建),此换柱对也。”俗称“偷春格”。

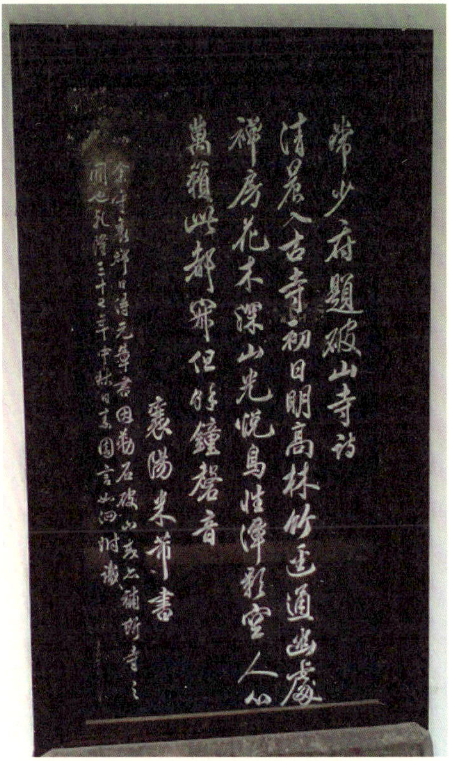

米芾题诗

“竹径”之竹字,唐宋的各种版本大多如斯,如殷璠《河岳英灵集》、苏轼《东坡题跋·书常建诗》、范成大《吴郡志》均作“竹”字。但是朱熹的《朱子语类》卷一四〇,论及本诗作“曲径”,明清各本也往往作此字。吴可《藏海诗话》却说:“苏州常熟县破头山有唐常建诗刻,乃是‘一径通幽处’。”兴福寺有米芾书常建诗的刻石,又有多处异文,可见唐诗传世之文字,多有异同,只能沿用较早的版本,择善而从之。

颈联方始写到后禅院空心潭

一带的景色，笔触极细。“山光”句，仰看；“潭影”句，俯看，俯仰之间，身心俱融。这联的诗眼就在“悦”、“空”两字上。寺后有山，山晴则有光，鸟性喜晴，故曰“悦”；后院有潭，潭空，故能涵影，人见此而胸尘顿涤，心境虚明，故曰“空”。说鸟“悦”，实为说人“悦”，句中有人，情景兼到，确是佳句，成为尽人皆知的名句，“诗家奉为金科玉律”（《唐诗归折衷》语）。这一联很早便受到殷璠的爱赏，以为“警策”，黄庭坚也很爱赏此联，后代更是传诵于人口。

颈联写视觉形象，尾联转而写听觉形象。此时，山空境静，万籁俱寂，只听到寺院里传来阵阵钟磬的声音，悠扬入耳，令人将尘心俗虑洗涤殆尽。尾联与颈联相呼应，写出诗人入寺后受清幽境界触发起来的内心体验，兴象深微，真是神游象外，心超尘表，方能写出这等妙诗。明人邢昉《唐风定》评此诗说：“诗家幽境，常尉臻极。”所言极是。

此诗乍看像是抒写游寺情思，然而却深蕴禅理禅趣，陆钿评曰：“读此诗，何必发禅家大藏，可当了心片偈。”（《唐诗选脉会通评林 · 盛五律中上》）周珽评曰：“禅家理趣，寂然观止。”（同上）佛学的真谛，全在一个“空”字上，佛家教人放下一切烦恼、欲念，自然能达到“心空”的境界。常建诗说的正是这种禅理。诗含禅理，可以分为两类，一类是采用佛家语入诗，容易看出，如王维《过香积寺》：“薄暮空潭曲，安禅制毒龙。”毒龙，比喻妄念烦恼，语出《禅秘要法经》卷中。另一类，则消虑净心，身入空境，将禅理化入诗的兴象之中，并不着一禅语，如盐化入水中一般。常建诗便属于后者。

朋友们，如果生活中遇到烦心的事，不妨到常熟兴福寺走一走，读一读常建的《题破山寺后禅院》，在那境幽韵清的地方，一定能获得悦性空心的人生体悟。

黄茅渚头天人合

有人将唐寅的《黄茅渚小景图》誉为唐画第一。李日华《六研斋笔记》:“客于首署一标,曰天下唐卷第一。诚第一也!”李日华擅书画,他的这个见解,自有道理。

唐寅《黄茅渚小景图》,又名《洞庭黄茅渚图卷》、《黄茅石壁图卷》,今藏上海博物馆,顾文彬《过云楼书画记》卷八有著录,画乃顾家捐赠给上海博物馆。

唐寅《黄茅渚小景图》

画面描绘的黄茅渚熨斗柄景色,为太湖中一处最奇险绝胜的景观。画家截取山崖的下部构图,层峦以焦墨作铁丝皴、乱柴皴、折带皴,多种皴法相间,加淡墨染,石细清劲,凸显黄茅渚山崖像熨斗柄一般的奇异形状。大量的留白,配以风帆、飞鸟,写出太湖浩渺空蒙的气象,古树盘曲、藤蔓纠结,下有高士对湖趺坐,孤舟泊于岸侧,情致悠闲。李日华《六研斋笔记》说:“此卷独写老树寿藤、烟壁沙浪于荒江之滨,是以有无映带,浓淡相发,控搏吐吞,有濯足万里之概,所以为奇。”张灵在画幅左下角题绝句一首:

黄茅渚头熨斗柄,唐子好奇曾屡游。
太湖绝胜能有几,还许我辈闲人收。

署款云："此子畏作西湖熨斗柄景也。暇日补题，殊愧粗陋。灵。"张灵，明代画家，字孟晋，吴县（今江苏苏州）人，工画山水，与唐寅为挚友。跋记中的"西湖"，指苏州城西之湖，即太湖。张灵此诗并没有描绘黄茅渚熨斗柄胜景的具体景象，也没有评论唐寅的画艺，只是说，唐寅屡次游览黄茅渚，将太湖绝胜景色尽收画中，能否让我辈也赏游其间。倒是文徵明的《次韵题子畏所画黄茅小景》一诗，细致地描绘了画面上太湖熨斗柄的景象，诗意可与唐寅此画对读：

斜日翻波山倒浸，晚晴幻山西南胜。
绝岛双螺树色浮，遥天一线鸥飞剩。
谁剪吴淞尺纸间，唐君胸有洞庭山。
古藤危磴黄茅渚，细草荒宫消夏湾。

品赏这幅画，我们不能忘记趺坐在石岸上的高士，他是画幅的中心。是他，储太湖浩渺风光、黄茅渚崎岖山岩于胸中，倚危岩绝壁，处闲静寂寥之境，怡然自得。只有他，才能领略到湖光之美、山石之奇，才是真正懂得太湖的人。唐寅《题黄茅渚小景图》的结尾处说："人生谁得长如此，此事唯君曾染指。若还说与未游人，生盲却把东西指。"他说身游太湖熨斗柄，才能真正领会到这里的妙处，假使跟没有到过此地的人去谈论黄茅渚，就像对盲人乱指东西一样。

我们细细品赏这幅画，还能体识到唐寅的精微匠心。东晋著名画家顾恺之曾为谢鲲画像，将他置于岩石间。人问其故，顾恺之回答说："谢鲲云：'一丘一壑，自谓过之。'此子宜置丘壑中。"（《世说新语·巧艺》）顾恺之的这种艺术处理，将谢鲲酷爱丘壑的性格特征表露无遗，后代画家往往仿效之，像元代赵孟頫画《谢幼舆（即谢鲲）丘壑图》、王蒙画《岩居高士图》即是。时隔近千年，唐寅也传承这种艺术传统，将"高士"放置于太湖熨斗柄岩石中，正是通过危崖绝壁、浩渺湖水的景物衬托，充分表现画中人吞吐万里的气概和寄情山水的闲逸情趣，实现人与大自然的融合，突出天人合一的主题。所以，文徵明非常称赞这幅画，说："知君作画不是画，分明诗境但无声。古称诗画无彼此，以口传心还应指。"（《次韵题子畏所画黄茅小景》）文氏指出唐寅的画，画中有诗，画里含蕴着画中人的气概和情致，含蕴着不尽的诗意，洵为高论。

赏游梅墅　逸兴遄飞

苏州园林甲天下，直至明代，造园之风盛极一时，城里城外，名园遍布，园林艺术由自然景观逐渐向人文景观转变，它们已经不再是景与物简单的客观呈现，更多地成为园主人精神和情感的物化形态，让人们在欣赏自然美的同时，更好地体识园主人的心灵美。

笔者不想多谈大家熟知的明代苏州园林，如拙政园、留园等，却要说一说已经荒废而昔日盛极的梅花墅。先请大家读一首薛寀的《题梅花墅图》：

展卷犹疑捧杖余，锦霞队里驻柴车。
家风剩有名园记，水榭惟藏国士书。
地僻昔曾罗竹肉，时艰今暂注虫鱼。
钓船茶具寻常供，斗鸭疏狂尚未除。

《梅花墅图》，原有数本，可是都已佚失，王韬曾见过一本，为顾元昭临庄平叔笔，已毁于火。梅花墅，在长洲甫里（今吴中区甪直镇），为江南戏曲家、藏书家、刻书家许自昌所构建，是一个颇具特色的著名园林，当代文人陈继儒、钟惺、谭元春都出入此园，与园主人交密。薛寀，字谐孟，武进人，崇祯四年（1631）进士，官开封知府。明亡后，削发为僧，法号堆山，居光福玄墓山雪香庵。薛寀将自己的名字“寀”字，免其冠，去“宀”，去其发，去“丿”，剩一个“米”字，自号米堆山、米堆和尚。工诗文，有《薛堆山诗文稿》存世。

题诗发端两句，从画面入手，运用“以画作真”的手法，写诗人展卷观画后，如入真境，仿佛简陋的坐车停在锦绣的梅花墅里，犹疑自己捧杖行走在花径上。以下诗句跳出画面，生发开去，抒发感慨。颔联转写出书香门第许家的家风，说家中还留有名家钟惺、陈继儒撰写的

《梅花墅记》，水榭里藏着国中才华出众的人所著的书，其中包括许自昌刊刻的李白、杜甫全集，皮日休、陆龟蒙合集，前唐十二名家诗，许自昌自著的《梅花墅传奇》。颔联突破时空的限制，将两代园主人交迭描写。上句写昔日许自昌，在园内罗列乐器和歌女，演唱戏曲“竹肉”，指竹制的管乐器和歌喉；下句写今日许元溥，因时世艰难，暂居园中注释经书。“注虫鱼”，语出韩愈《读皇甫湜公安园池诗书其后》：“《尔雅》注虫鱼。”许元溥，自昌长子，业儒术，著《十三经丛笺》，尤邃于《易》学。尾联称许梅花墅今主人许元溥，承继唐代诗人陆龟蒙耽于隐逸的遗风流韵，同样，诗句中也倾注进薛寀与园主人相近的疏狂的人生态度。

这首诗，并没有直接描写梅花墅的外在景观，却能将两代园主人的精神面貌、生活情趣，写深写透。钟惺的《梅花墅记》和王韬的《古墅探梅》（载《漫游随录》），曾揭示出甫里梅花墅自然景观与人文景观融合的四大特征：一曰水，梅花墅引水入园，景色宜人。钟惺《梅花墅记》：“元佑（按，许自昌之字）之园皆水，人习于亭阁廊榭，忘其为乎，水乎？园乎？难以告人。”二曰梅。墅内遍植梅花，传达出园主人爱梅的品格和情趣。王韬《古墅探梅》：“墅本以梅花名，冬时花开，弥望皆是，不逊香雪海也，暗香疏影，浮动月华中，别开静境。”三曰曲。许自昌擅戏曲，造园时布置、设计，妥善安排演唱场所。钟惺《梅花墅记》：“（得闲堂）槛外石台，可坐百人，留歌娱客之地也。”王韬《古墅探梅》：“闻当盛时，常宴客于此，曲院丽人，梨园子弟，银筝檀板，各献所长。”四曰书。许氏父子雅爱图书，读书、写书、刻书、藏书于墅中，钟惺《梅花墅记》：“观（竟观居）临水，得‘浮红渡’，渡北为楼以藏书。”王韬《古墅探梅》：“樗斋最在寺后，独完善，诗扉八扇犹无恙。读书之暇，辄往静坐。”赏游这样的名园，客人与园主人的心灵频频沟通，逸兴遄飞，获得生活与艺术、自然与精神的多重审美享受。薛寀诗与钟、王文互为呼应，相为表里，共同反映出梅花墅体现园主人精神、物化园主情感的基本造园特征。

近来传闻好心人有重建梅花墅的打算，不知确否？如果能依赖于现代建筑工艺，保存陈继儒、钟惺、薛寀、王韬等人诗文里所描绘的自然景观和人文精神，再现梅花墅的风采，那确是件大好事。但愿理想成真，让苏州多一处供观赏、休憩的精品园林。

太湖奇石 玲珑剔透

大家都知道朱勔为宋朝皇帝在苏州采集太湖石的旧事，其实太湖石素负盛名，唐朝人已经非常看重它。白居易《太湖石记》说：“今丞相奇章公嗜石”。记中还谈到牛僧孺收集到很多地方的奇石，乐天评曰：“太湖为甲。”李白有一首《丁都护歌》，大家可能不太注意，诗里描写的就是运送太湖石北上的事，诗云：“云阳上征去，两岸饶商贾。吴牛喘月时，拖船一何苦？……万人凿盘石，无由达江浒。君看石芒砀，掩泪悲千古。”云阳，即唐代润州（今镇江）丹阳县。湖石自苏州运往北方，经丹阳，石工艰辛，落笔沉痛。苏州盛产太湖石，范成大的《太湖石志》专门有记载：“太湖石，石出西洞庭，多因波涛激啮而为嵌空，浸濯而为光莹。或缜密如珪瓒，廉刿如剑戟，矗如峰峦，列如屏障，或滑如肪，或黝如蓼，或如人，如兽，如禽鸟。好事者取之，以充苑囿庭除之玩。”文震亨在《长物志》中说：“太湖石在水中者为贵，岁久被波涛冲击，皆成空石，面面玲珑。”李渔《闲情偶寄》说：“言山石之美者，俱在透、漏、瘦三字。”描写太湖石的古诗很多，唐代有刘禹锡、牛僧孺、陆龟蒙、皮日休等人的诗，宋代有苏轼、胡宿、周南等人的诗。我比较喜欢的一首，是白居易的《太湖石》：

烟翠三秋色，波涛万古痕。削成青玉片，截断碧云根。
风气通岩穴，苔文护洞门。三峰具体小，应是华山孙。

这是一首五言律诗，“律法浑成”，不受格律拘束，不露雕凿痕迹。诗人先从太湖石的大处着笔，说此石远望如烟翠秋色，这是从石质“温润晶莹”上生发出来的艺术想象，一个“翠”字，又为下联的诗句伏下笔。次句说湖石上留下了万年波涛冲击的痕迹。范成大《吴郡志》卷二十九“土物”说：“石在水中，岁久为波涛所冲撞，皆成嵌空，石面鳞鳞作靥，名弹窝，亦水痕也。”这与胡宿《太湖石》“费尽千年白浪声”的诗歌意象相仿佛，说明太湖石依赖大自然的“造化力”，形成千奇百怪的形状，不假斤斧，却能巧夺神工。颔联具体描写石的形貌、色泽，这块青绿色的湖石，像是一片削成的青玉，又像是被截断了的碧云根。古人认为云从石缝中生出，所以称石为“云根”。颈联写其风韵。太湖石讲究玲珑剔透，此石洞窍甚多，可以通风气，如山之岩穴；苔藓纹理布满洞口，像是守护着洞门。如此描写，比陆龟蒙的“旁穿参洞穴，内窍均环钏”（《太湖石》）、范成大的“岁久缺罅深重重”（《烟江叠嶂》）等句，刻画更细，饶有情致。尾联再回到此石的整体描写上，说石体嵚崟嵯峨，如重峦叠嶂，不过小一点，大概应该算是华山的孙子吧！状此石之奇峭用华山比拟，气魄大，笔力健，诗论家认为“结句健有力”（《唐宋诗醇》语），诚哉斯言！苏州著名特产太湖石，遐迩闻名，被唐代大诗人移入诗中，竟是如此美妙。

冠云峰

在苏州众多的太湖石中，值得一提的是孔副司巷第十中学校内的瑞云峰。据说它是朱勔当时遗落在苏州的，后为徐时泰所得，置于东园。清代乾隆四十四年（1799），为迎接乾隆皇帝南巡而移迁到织造府署。顾禄《桐桥倚棹录》卷八：“东园、西园，俱在彩云里，太仆少卿徐时泰筑……堂侧高垄上有湖石一座，名瑞云峰，高三丈余，旧闻此石每夜有光烛然，故名。”清人徐崧《瑞云峰》诗云：“一片玲珑石，神功讵琢成。瑞分芝草秀，奇石夏云生。未肯随朱勔，还应傍冏卿。至今荒陇

上，剑水气英英。”罔卿，徐时泰之字。说此石不肯随朱勔北上，还应靠着徐时泰，诗思巧妙。留园的冠云峰，也是“花石纲”的遗物。石比瑞云峰高，奇峭挺拔，其状“如翔如舞，如伛如跧，秀逾灵璧，巧夺平泉”（俞樾语），然而漏、透不如瑞云峰。

正因为太湖石可以装点园林、庭除，需求量日大，于是太湖边的山民便造假湖石，以为营生，人称“种石”。张紫琳《红兰逸乘 · 琐载》：“太湖石玲珑可爱，凡造园林者，所须不惜重价也。湖旁居民取石凿孔，置波浪冲激处，久之，斧斤痕尽化，遂得天趣。实则瘦、皱、透三者皆出于人工，以售善价，谓之种石，其人可谓石农。”这则记载出于一位学者之手，还是可信的。

古韵远去，今风尚存。现代人采用苏州太湖石点缀古典园林、公共休憩绿地，装饰私人庭院，奇石掩映在树丛、花草间，别具风采，更显浓郁的江南水乡色彩。为了满足更大规模的园林、绿地、庭院的建筑需要，不妨采取“种石”之法，有计划、大批量地生产太湖石，设计出多样化的图案，凿石成粗坯，沉入太湖中，任风浪冲刷，在较短的时间内营造出奇形怪状的太湖石，以满足日益增长的社会需求。但愿这个诗意联想能早日成为事实。

瑞云峰

碧螺春茶　香溢四海

碧螺春茶是苏州特产，名闻遐迩。但是遍查相关典籍，唐、宋、元、明时代，从未记载过这种茶品。唐代著名的为阳羡茶，是贡品，卢仝《走笔谢孟谏议寄新茶》："天子须尝阳羡茶，百草未敢先开花。"吴人陆龟蒙于顾渚山置茶园，是谓顾渚茶。宋代吴中贡茶，名白云茶，出虎丘金粟房。明代贡水月茶，产洞庭水月院。

碧螺春茶始名于清代，始贵于清代，产于洞庭东山碧螺峰。王元辰《碧螺春歌》"碧螺峰畔传佳产"，即是。顾禄《清嘉录》引王应奎《柳南随笔》云："洞庭东山碧螺峰石壁，产野茶数株，每岁土人持筐采归，以供日用，历数十年如是，未见其异也。康熙某年，按候采者如故，而其叶较多，筐不胜贮，因置怀间，茶得热气，异香忽发，采茶者争呼吓杀人香。吓杀人者，吴中方言也，因遂以名是茶云。"碧螺峰所产之茶，始名吓杀人香。至康熙帝南巡，得尝此茶，赐名碧螺春。《柳南随笔》又云："康熙己卯，车驾南巡，幸太湖，巡抚宋荦购此茶以进。上以其名不雅驯，题之曰碧螺春。"己卯岁，为康熙三十八年(1699)，碧螺春茶始名于此。

王元辰的《碧螺春歌》是一首二十四句长篇古诗，描写采茶、焙茶、饮茶的诸多情景，很细致，我嫌它过于平实。清人李慈铭的《水调歌头·碧螺春》，在众多吟咏碧螺春茶的诗词作品中堪称佼佼者。词云：

谁摘碧天色？点入小龙团。太湖万顷云水，渲染几经年。应是露华春晓，多少渔娘眉翠，滴向镜台边。采集筠笼去，还道黛螺奁。

龙井洁，武夷润，芥山鲜。瓷瓯银碗同涤，三美一齐兼。时有惠风徐至，赢得嫩香盈抱，绿唾衣上妍。想见蓬莱境，清绕御炉烟。

李慈铭(1830—1894),字㤅伯,号莼客,浙江会稽(今浙江绍兴)人。光绪年间进士,官至山西道监察御史。慈铭学问富赡,博综群籍,尤精史学,工于诗词,“词章考据之学为清季冠”(由云龙《越缦堂诗续集序》),著有《白华绛跗阁诗集》、《越缦堂日记》等。

词的前阕,先写新鲜碧螺春茶的色泽、形质。开端二句写其色,是谁将碧天的色彩,点入到精品茶中。“小龙团”,贡茶之精品。次二句,写碧螺春茶钟太湖之灵气,此茶汲吮万顷太湖云水之精华,几经岁月,造此精品。“应是”三句,是说太湖边,春晓时,露水浓重,和着渔妇眉上的翠色,滴向茶树上。“镜台”,借指太湖,太湖平静如镜,故云。这层词意,申补第一层词意,凸显碧螺春茶叶之翠绿湿润,与“摘起色凝榆荚雨”(王元辰《碧螺春歌》)之意相仿佛。前阕煞尾二句,描写采茶,“山中二月采茶天,少妇携筐曲径边”(王元辰《碧螺春歌》)。而李慈铭不说“竹筐”,却说“筠笼”;不说“携筐”,却说“黛螺奁”,用语尤见雅秀。

西山茶园

前阕写新鲜碧螺春茶叶,后阕则着重描写焙制后碧螺春茶的香味和神韵。前五句,用陪衬法,赞碧螺春茶之美质。用瓷瓯银碗涤泡,则碧螺春茶兼有龙井茶之洁净、武夷茶之甘润、芥山茶之鲜美,色、香、味俱全。“时有”三句,再写碧螺春茶之色香,惠风徐来,吹来碧螺春茶之清香,满怀皆是,唾出的绿色茶片,缀在衣上,很妍美。为避免咏物词带来的质直之弊,煞尾二句,临空着笔,遥想在仙境里,御炉烟畔,品味此茶,清香袅袅不绝。“御炉香”三字,则点明李慈铭作此词时,正在京华任职,品尝的正是贡茶。全词语言明秀雅洁,用超然之笔咏物,不拈煞于茶之形貌,着重表现碧螺春茶之特质和神韵,气韵悠然,格高韵远,蕴含无穷。

碧螺春茶，品种不同，等级不同。李慈铭品尝的是贡茶，自然是绝佳的品级。俞樾在《春在堂随笔》卷二有一则记载："洞庭山茶叶，名'碧萝春'，余寓苏久，数有以馈者，然佳者亦不易得。屠君石巨，居山中，以《隐梅庵图》属题，饷一小瓶，色味香俱清绝。余携至诂经精舍，汲西湖水沏碧萝春，叹曰：'穷措大口福，被此折尽矣。'"友人请他题画，馈赠的必是上好品级，所以曲园赞不绝口。

碧螺春茶的诸种属性中，"香"是最主要的特性。此茶的原名为"吓杀人香"。新鲜茶叶透出阵阵清香，王元辰《碧螺春歌》："石华滴乳芳芽短，绿脚垂云香气满。"焙茶时，香飘四方，朱文藻《采茶歌》："采茶忙，焙茶香。"王元辰《碧螺春歌》："焙时香煖竹炉烟。"沏茶时，露味甘芳，"嫩香"徐来，清香扑鼻，梁同书《碧螺春》："满盏真成乳花馥。"王元辰《碧螺春歌》："冰瓯倾雪浮芳乳。"周瘦鹃《忆江南》："春来碧螺香四飘。"馥、芳，都指茶之香味。碧螺春茶，清代作为贡品，自苏入京，远行千里。现当代，碧螺春茶产量大增，吴人常以此为馈赠亲友的珍贵礼品，此茶行销海内外，茶香也就飘至四海。

南荡鸡头米　色白又温软

苏州有一种名特产，俗名“鸡头米”，学名叫“芡实”，苏州诗人尤侗还专门写了一首《咏芡》诗：

鸡头形酷似，毛壳竦花冠。
碎玉仍怀璞，圆珠欲走盘。
饱餐堪辟谷，戏弄即弹丸。
新剥偏温软，摩挲一笑看。

尤侗（1618—1704），字同人、展成，号梅庵、艮斋、西堂老人，长洲（今苏州）人。西堂，是他读书的地方。久困场屋，康熙十八年（1679）召试博学鸿词，时年62岁，授翰林院检讨，分修《明史》，撰志传300余篇。告老还乡后，家居二十年而卒。善诗文，又擅传奇，才思敏捷，著有《西堂全集》。

鸡头米

芡实生长于水乡泽国，三月生，叶平贴水面，大于荷叶，叶皱而有刺，面青背紫，古称“鸡头盘”，六月开花，结苞，苞中裹子，即为“鸡头米”。苏州各地湖荡中均产芡实，最为上等的品种为“南荡鸡头米”，产于苏州葑门外、车坊一带。尤侗是斜塘人，他所题咏的正是“南荡鸡头米”。首联咏芡实的外形，初生时，其花如鸡冠，其苞如鸡头，故云。《吴郡岁华纪丽》卷八："（芡实）六月开紫花，结苞。"《本草纲目》卷三十三："茎上花似鸡冠，故名鸡头。其苞形类鸡雁头。"颔联咏芡实的果实，形容鸡头米如"碎玉"、"怀璞"、"圆珠"。芡实的苞长大后，苞中裹子，形如榴实，子有硬壳，将壳剥开后，内含粒粒白米，故称"鸡头米"。汪灏《广群芳谱》卷六十六："裹子累累如珠玑，壳内白米，状如鱼目、薏苡大。"尤侗的诗句真得其实，鸡头米像一粒粒白色的圆珠，在盘中滚动，故曰"走盘"。用珍珠来形容鸡头米的诗句很多。文同《采芡》："老蚌一开珠一掬。"苏辙《食鸡头》："谁料明珠藏满腹。"杨万里《鸡头》："只教满颔饱珠玑。"大量的诗词都写到鸡头米"色白如珠"的审美特征。颈联描写芡实的功用。芡实煮熟后，酥糯可口，可以充饥，是名贵的食品，有滋补的功用。用芡实煮粥，益精气，利耳目，开胃补气。李时珍《本草纲目》卷三十三更是详细论说它的药用功能："主治湿痹，腰脊膝痛，补中，除暴疾，益精气，强志，令耳目聪明，久服轻身不饥，耐老神仙。（本经）开胃助气，（日华）止热益肾，治小便不禁，遗精白浊带下（时珍）。""辟谷"，道家语，道家以为行导引之术，不食五谷，可以长生。尤侗的诗意是说饱食芡实，足与道家的"辟谷"媲美。杨万里《食鸡头》也说："好与蓝田餐玉法，编归辟谷赤松书。"称道食用鸡头米，好比蓝田神仙餐玉，赤松仙人辟谷一样，可以长生。最后一联，描写剥芡实的情景。诗人说，刚刚剥开的鸡头米，又温又软，摸着它，看着它，从心底发出微笑，欣喜之状可掬。每年深秋，正当鸡头米上市的时候，苏州城的东南面，大街小巷都摆满了卖鸡头米的小摊，农民和小贩们坐在街口，戴着铜指甲，认真地剥开果壳，取出一粒粒色白的鸡头米，等候顾客临门，真是"香囊联锦破，玉指剥珠明"（陶弼《鸡头》诗中句），为秋季的苏城添上一道富有生趣的风景线。袁景澜的《吴郡岁华纪丽》卷八还专门开辟"剥芡"的条目，记载昔日的盛况。

写作咏物诗很难，既要状物写实，又要不粘不滞。尤侗的《咏芡》诗，正是这样的好诗。尤西堂大量地、精当地选用喻象，生动地写出芡实花、苞的外形，鸡头米的形态和色泽，又通过"一笑看"的神态描写，传神地表现农户新剥芡实的喜悦心情，完全达到勿粘勿滞的审美要求，增强了诗作的艺术魅力。

姑娘采菱忙　菱歌声悠扬

菱，是苏州很著名的一种水生植物，范成大《吴郡志》早有记载："今苏州折腰菱，多两角，名腰菱，有野菱、家菱两种。近世复出馄饨菱，最甘香。"太湖中有菱湖，吴王在莫里峰之东三十余里湖面上种菱，徐崧、张大纯《百城烟水》卷一"苏州府"云："莫里之东，周三十余里，吴王于此种菱，故曰菱湖。"水乡渔家，于港汊界绳，遍植菱秧。秋风乍起，菱角成熟，采菱姑娘往来划船，菱歌四起，采撷盈筐，携入市场兜卖，成为秋时鲜嫩味美的时尚果品。苏州处处有湖塘，均可种菱，而太湖边的消夏湾和虎丘一带种菱人家较多。徐、张《百城烟水》卷一："苏州府，消夏湾……中多菱芡蒹葭。"顾禄《桐桥倚棹录》卷十二："菱荡，在虎丘后山浜与两郭桥一带。七八月间，菱船往来山塘河中叫卖。"有人用诗句记下这种美好的风土人情，说："阖闾霸业夕阳边，七里花香带碧烟。忽讶棹歌沿绿水，柳阴深处卖菱船。"（顾文鉷《虎丘竹枝词》）生活中一个很普通的卖菱场景，到了诗人的笔底，竟是如此的优美。

沈周家在相城，多湖塘，年年秋天溪女采菱的美景，自然逃不过画家的眼睛，他不仅挥毫作画，还填词以寄雅兴。画名《采菱图》，今藏日本京都国立博物馆。词云：

> 菱湖女子梭船小，清水映红妆。风流何似？花间翡翠，锦上鸳鸯。为翻丝盖，误拈紫角，纤指微伤。看他去也，一声高唱，十里斜阳。

画幅右上方，题《人月圆》词一首。画家不慎于"映红"下漏一"妆"字，为不伤画面，他将此字补于词尾。词后还有一段跋语，云："此纸写自丙戌夏五，秋九日，雨中复填《人月圆》一阕，以寄孤兴云。"写出作画、填词的不同时间和缘由。当时画家还不到四十岁，本图是他早期的作品。

沈周《采菱图》

《采菱图》以菱湖为中心，远处青山矗峙，近处洲渚迂迴，竹石树木，远近高低，相映成趣。湖面上，水平如镜，点点菱叶如翠钿相叠，三只采菱船，两只并行，一只横陈，参差错落。船头坐着穿上红衫的采菱女，正俯身采菱。全图布局松秀，设色明丽，画境优美清丽，生动地表现出江南山水的旖旎风光和菱湖荡漾的独特景观，带着浓浓的苏州韵味。

词分前后两阕。前阕写采菱姑娘的外在容貌和形神。小巧的采菱船上，坐着采菱姑娘，清澈的湖水映照着她们的红妆，光彩照人。这两句是实写。后三句，用一诘问句逗起下文，说她们好像飞舞在花间的翠鸟，又好像嬉戏于锦绣般湖面上的鸳鸯，连用两种色彩鲜明的喻象，形容采菱姑娘的娇美，生动形象，富有美感。

词的后阕，由画面形象生发开去，写画外意，由采菱姑娘的外在形貌，转而写她们的内心世界。第一层三句，词意说姑娘翻开菱叶，不小心拈着菱的紫角，纤纤玉手受到微伤。第二层三句，词意补出姑娘误触菱角的原因：她看到情郎（他）高唱着情歌走了，歌声传到很远的地方，这时，日影西斜，姑娘的心被他牵动着，走了神，所以会“误拈紫角”。石田不仅是一位深得天趣的画家，描画出采菱的清幽画

境，而且也是一位抒情深细的词人。他通过女主人公误伤纤指的生活细节，传神地表达出她们的内心活动，为画幅注入了人的情感与心灵，使之性灵活现，情趣盎然，增添了无穷的艺术魅力，而这一切恰恰是画面无法表现出来的。

苏州姑娘在湖塘采菱，边采边唱，菱歌声悠扬清趣，富有生活气息。唐代诗人李白到苏州，就听到过这种菱歌，他在《苏台览古》里说："旧苑荒台杨柳新，菱歌清唱不胜春。"宋范成大在盘门也听到过菱歌："何处采菱闻度曲。"(《晚入盘门》)宋人罗愿《尔雅翼》云："吴楚之风俗，当菱熟时，士女子相如采之，故有采菱之歌之相和，为繁华流荡之极。"清人金农也画过一幅《采菱图》，自题诗云："采菱复采菱，隔舟闻笑歌。"菱歌，成为吴歌中的一个重要内容，千百年在民间传唱，歌声流荡在湖边菱塘之上。

满盘金丸寿吴人

枇杷盛产于我国南方各省，而苏州太湖边所产的枇杷，比较著名。金农画《枇杷图》，题诗："橛头船，昨日到，洞庭枇杷天下少。额黄颜色真个好，我与山妻同一饱。"（"洞庭"，指太湖。）明代高启、沈周，清代尤侗，都有咏洞庭枇杷的诗。

沈周是个地道的苏州画家，他特别喜爱洞庭产的枇杷，多次画作枇杷图。比较有代表性的有两幅，反映了沈周在花鸟、蔬果画方面的两种典型画法。

第一幅《枇杷图》，藏于北京故宫博物院，为沈周《卧游图册》十七开之一。画面上画折枝枇杷，枝干用淡墨画出，自左上方向右下倒挂，枇杷叶用浅色以没骨法画成，浓色勾叶脉，阴阳向背，变化生动，宛如真叶。枇杷果实六枚，聚生枝头，用笔蘸淡色一次染成，再以墨笔点脐。全图构图简洁严谨，运用没骨浅色画法，表现枇杷的果实和叶子，无勾勒的痕迹，神采奕奕，生意盎然，造型正确，格调质朴清雅。这种

沈周《枇杷图》

折枝枇杷，来源甚早，宋人易元吉曾作《写生枇杷图》，已具这种规模。画幅右上方，画家自题一首五言绝句：

弹质圆充饤，
蜜津凉沁唇。
黄金作服食，
天亦寿吴人。

前三句，先从画面形象着笔。首句写其形，枇杷形质，圆如弹丸，可以充当果品。“饤”，砌于盘中的果品。次句写其味，枇杷味甘甜，生口津，凉凉地沁入嘴唇。沈周另一首咏枇杷的诗也说：“更有饧浆沁齿寒。”第三句写其色，枇杷色黄如金，好像用黄金充作服食的果品。尤侗《枇杷》：“金丸满案玉膏流。”朱彝尊《明月棹孤舟·咏枇杷》词云：“几阵疏疏梅子雨，也催得嫩黄如许，笑逐金丸，看携素手，犹带晓来纤露。”同样都写到枇杷色黄如金。最后一句总收，说老天爷给吴人送来形圆、味甘、色如黄金的枇杷果品，令吴人长寿，真是幸运。全诗运用“通感”表现手法，沟通各种感觉器官的功能，将味觉、触觉向视觉挪移，用诗句生动地表现画面上无法画出的感觉体验，如“蜜津”，味甘甜，是味觉；“凉沁唇”，凉爽，沁，都是触觉，通过唇来感受，这些意象，绘画都无法表现。因此，本诗弥补了绘画艺术这方面的缺憾，多层面地刻画枇杷的艺术形象，让读画人获得超越视觉的、较为全面的审美感受。

第二幅《枇杷图》，藏于台北故宫博物院，画幅采用水墨写意法，画折枝枇杷，纯用水墨画成。构图简练，笔法放逸，没骨法绘叶、果，水墨浓淡相兼，枇杷果实用不同墨色一次性染出，淡墨染叶，浓墨勾脉，造型非常准确。

画幅左上方题五绝一首：

有果产西蜀，作花凌早寒。
树繁碧玉叶，柯叠黄金丸。

这首题枇杷诗，并不是沈周做的，而是他录宋祁《咏枇杷》的原作，但只署己名，没有说明出处，很容易让人误认为是沈周诗。首二句，说有一种枇杷产于四川，凌寒开花。范成大《手植枇杷》：“去年小试花，珑珑犯冰寒。”《广群芳谱》卷五十六:“四时不凋,冬开白花。”

第三句写叶,用“碧玉”形容枇杷叶的色泽和质感,很生动。结句形容果实圆而黄,如金丸,生长于交叠的枝干间。诗句纯写枇杷,写它的花、叶、果,表现它的生长过程,充实画面形象。

沈周的花鸟、蔬果画,基本上使用设色没骨法和水墨写意法画成,方薰评论说:“白石翁蔬果、羽毛得元人法,气韵深厚,笔力沉着。”很有特色,成就很高,对后代影响深远,明代徐渭、陈淳,清代恽寿平、石涛等画家,均得益于沈周。

吴地画家沈周,画吴地特产枇杷,洵为吴文化中的精品,值得珍视。

洞庭满林霜　封题三百颗

苏州洞庭山产美橘。叶梦得《避暑录话》："今吴中者，亦惟洞庭东西山最盛，他处好事者园圃仅有之，不若洞庭人以为业也。"《苏州府志》："太湖中洞庭山，一名包山，道书第九洞天，苏子美记有峰七十二，惟洞庭称雄，其间民俗淳朴，以橘柚为常产，每秋高霜余，丹苑朱实，与长松茂竹相映岩壑，望之若图画。"唐代，洞庭橘为贡品，苏州刺史白居易曾亲临拣橘现场，作《拣贡献书情》："洞庭贡橘拣宜精，太守勤王请自行。珠颗形容随日长，琼浆气味得霜成。"

韦应物在苏州做太守时，京城友人生病，想吃新橘，来书信求橘，他便封题三百颗，赠给友人。当时橘尚青，所以他题了一首诗，《答郑骑曹青橘绝句》（一名《答郑骑曹重九日求橘》）：

怜君卧病思新橘，
试摘犹酸亦未黄。
书后欲题三百颗，
洞庭须待满林霜。

洞庭橘

"骑曹"，即骑曹参军，是京城十六卫的属官，姓郑，名未详。诗句写得"潇洒独绝"（管世铭《读雪山房唐诗钞凡例》）。首二句说，怜爱君家病中思橘，明明知道其时橘未黄，姑且"试摘"色青带酸味的橘子，以宽慰友人之心。后二句，允诺等到霜后不忘以成熟的黄橘寄去。“书后欲题三百颗”，用晋帖之典，陈师道《后山诗话》：“韦苏州诗云：‘（略）书后欲题三百颗，洞庭须待满林霜。’余往以为盖用右军帖中‘赠子黄甘三百’者。比见右军一帖云：‘奉橘三百枚，霜未降，不可多得。’苏州盖取诸此。”可见称橘为“三百颗”，昔日王羲之早已用之。全诗情意深婉，运化语典，如若己出，不露痕迹，实物色彩和感情色彩交相为融，情韵俱胜，洵为好诗。

韦应物这首诗，脍炙人口，对后代产生深远影响。友人赠橘，已成为吴中百姓的一种风尚。皮日休《早春以橘子寄鲁望》：“知君多病仍中圣，尽送寒苞向枕边。”皮日休知道陆龟蒙多病，但仍然爱喝酒，特地赠寄橘子给他解渴，友爱深笃，溢于纸表。元谢应芳《洞庭胡敬之以余父执之交岁馈新橘凡十有余年感无以报是用作歌》：“年年送橘拜床下，甚愧我非庞德公。”李璧《清平乐》：“璀璨寄来光欲溜，正值文君病酒。”词人说，友人寄来的橘子，鲜润光洁，正好妻子病酒，得柑橘以解渴。明孙齐之《谢送橘》：“缄以尽素书，致以瑶华音。”这种风尚，一直延续到现代。每年春节，吴地亲友间相互馈赠柑橘，遥祝吉祥。古韵今风，在“赠橘”这件事上得到充分的表现。

韦应物的《答郑骑曹青橘绝句》，深受历代诗人喜爱，广为传诵。有些诗人将它熟记于心，溜熟于口，自己写诗时不禁融入诗句中。宋李纲《食橘》诗云：“洞庭一夜天雨霜，橘林绿苞朝已黄。远题书后三百颗，入手便觉秋风香。”金刘著《伯坚惠绿橘》：“黄苞犹带洞庭霜，翠袖传看绿叶香。何待封题三百颗，只今诗思满江乡。”他们无不深爱韦应物诗的影响，递相传承，“三百颗”似乎已成为一个专有名词，涵含着我们前辈诗人的爱心，也闪耀着华夏民族文化的精华。

酒香蟹肥　天赐吴人

农历冬至节前后，苏城街头巷尾的烟酒店里摆满了冬酿酒，供人选购。苏州人还有冬至夜喝一点冬酿酒的习俗，相传至今不绝。吴地冬日酿酒的风俗，其来已久。顾禄《清嘉录》有记载："乡田人家，以草药酿酒，谓之冬酿酒，有秋白露、杜茅柴、靠壁清、竹叶清诸名。十月造者，名十月白。以白面造麴，用泉水浸白米酿成者，名三白酒。其酿而未煮，旋即可饮者，名生泔酒。"桂馥《札朴》："糯米为甜酒，呼为白酒，即稻醴也。"田家又在酒中加以桂花，或加木香、砂仁、金橘、女贞子、梅兰等，酒味更加香甜可口。许青浮的《酿白酒》诗："江南秫田秋获早，粒粒红香绽霜饱。茅屋疏灯促夜春，酒泉走檄新移封。大缸小缸春拍拍，家家酿成十月白。白酒之白白于乳，开缸泼面香风起。"袁景澜《酿酒》诗云："种秫三十亩，腊月酿新酒。共祀杜康神，味欲求醲厚。压入糟床中，声如檐雨走。邻壁卧醉翁，夜听流涎久。草堂开绿野，梅花发春首。烹羊复炰羔，称觞介眉寿。"都生动具体地描绘了吴人酿酒的情景。如今，冬酿酒已由酒厂大量生产，供应市场，替代了私家酿造，因而家家压榨、户户酿酒的民俗风情，再也见不到了。

清人蔡云有《吴歈》一诗：

冬酿名高十月白，请看柴帚挂当檐。
一时佐酒论风味，不爱团脐只爱尖。

这首诗很值得我们诵读、体味，因为它描绘了一幅酒香蟹肥、开甕持螯的民俗风情画，具有浓厚的水乡风味。"吴歈"，吴地歌也，见范成大《吴郡志》。蔡云（1764—1824），原名靖，字立青，苏州府元和县人。嘉庆九年（1804）优贡生，未仕，授徒为生。工诗，风格修洁，格律精严。著《借秋亭诗覃》，内含《吴歈百绝》，专吟姑苏习俗，本诗便是其中的一篇。蔡云深知冬酿酒名声很高,尤其是"十月白",更是家喻户晓,所以首句直书其事。诗的次句,写一种售酒的风俗,古代酒商在屋檐下挂一把柴帚,招徕购买冬酿酒的顾客,很有趣。

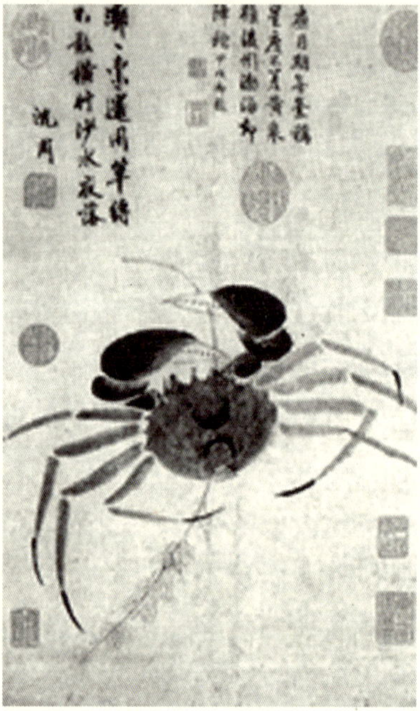

沈周《郭索图》

上半首诗写冬酿酒,下半首却转而写食蟹。冬酿酒酿成之时,正是湖蟹膏肥之日,故云"一时佐酒论风味",最佳的风味自然是湖蟹。《清嘉录》卷十:"湖蟹乘潮上簖,渔者捕得之,担入城市,居人买以相馈贶,或宾客佐酒。""团脐",指雌蟹,雌蟹黄实;"尖",尖脐,指雄蟹,雄蟹膏多。结句"不爱团脐只爱尖",写出一种食蟹的诀窍。民间素有"九雌十雄"的说法,即九月要吃雌蟹,此时雌蟹蟹黄结实;十月要吃雄蟹,此时雄蟹蟹膏肥腴。袁景澜《吴郡岁华纪丽》卷十云:"有九雌十雄之目,谓九月团脐佳,十月尖脐佳也。"吃蟹时,用水煮熟,擘开后剔出蟹肉,佐以姜丝、香醋即可,所谓"分肌擘理屑姜桂"(袁景澜《食蟹》诗中语)是也。吴人称煮蟹为"煠蟹",《清嘉录》卷十:"汤煠而食,故谓之煠蟹。"煠,吴音闸。字书内早有"煠"字。唐人李匡文《资暇录》卷下"生肝镂聚"条云:"字书内煠字,音丑猎者,讹呼丑甲反尔。此字火旁,云下木,别有火旁世,世下木,音士甲反,是沸汤渫菜字,其音丑猎者,义由暗爚也。"桂馥《札朴》:"菜入汤曰煠。"《博雅》:"煠,瀹也,汤煠也。音闸。"这个字在苏州人的生活中经常用到。至此,我们可以悟出"大闸蟹"之意,不是"大闸"地方出产的蟹,也不是爬在大闸上的蟹,实际意思是"大煠蟹",这是一种繁字转俗的语言现象,即用一个通俗的字、音来代替那个繁复而不常见的字、音,表达同样的意思。

苏州人真有吃福,入冬后,喝着醇香的冬酿酒,品味着鲜美的蟹肉,过着甜美幸福的日子,真是天赐吴人呵!

莼鲈之思　归隐真情

苏州是闻名中外的江南鱼米之乡，水乡盛产鱼，多种多样，如鳜鱼、白鱼、银鱼、鲥鱼、鲃鱼、鲈鱼等，尤以鲈鱼最为驰名，这与一首诗有着莫大的关系。这首诗即张翰的《思吴江歌》（一作《秋风歌》）：

秋风起兮佳景时，吴江水兮鲈鱼肥。

三千里兮家未归，恨难得兮仰天悲。

张翰，晋朝人，字季鹰，吴江人。有清才，善属诗文，时号“江东步兵”。有集二卷，已佚。齐王冏辟为大司马东曹掾。张翰鉴于当时天下纷乱，祸乱四起，思及早退身。《晋书·张翰传》：“因见秋风起，乃思吴中菰菜、莼羹、鲈鱼脍，曰：‘人生贵得适志，何能羁宦数千里以要名爵乎？’遂命驾而归。”《思吴江歌》便作于此时。这首诗，近人逯钦立从《岁华纪丽》、《中吴纪闻》、《舆地纪胜》、《诗纪》诸书中辑出（见《先秦汉魏南北朝诗》卷七），比较可信。吴人尊范蠡、张翰、陆龟蒙为“高士”，立“三高祠”以祀之。范成大《吴郡志》卷十三：“三高祠，在吴江县垂虹桥南。……三高者，范蠡、张翰、陆龟蒙也。此祠人境俱胜，名闻天下。”范成大有《三高祠记》。姚承绪《吴趋访古录》卷六，徐崧、张大纯《百城烟水》卷四都有“三高祠”的记载。

诗用“骚体”写成，具有《楚辞》的体式特征，标志是句中的“兮”字。胡应麟《诗薮内编》卷一云：“骚实歌行之祖，赋则比兴之端，要皆属诗。”骚体便于抒情咏叹。诗人唱道，秋风起呀正是一年景色佳美的时节，家乡的水呀鲈鱼正好养得肥。两句诗意，恰与《晋书》本传中的记载相吻合。可见，苏州鲈鱼在晋代就出了名，乃至正史的传记中都会载及。“吴江”，实指松江。宋范仲淹《松江渔者》：“江上往来人，但爱鲈鱼美。”范成大《吴郡志》卷二十九：“鲈鱼，生松江，尤宜脍。洁白松软，又不腥，在诸鱼之上。江与太湖接，中亦有鲈，俗传江鱼四鳃，湖鱼止三鳃，味辄不及。”袁景澜《吴郡岁华纪丽》卷九引《鲈经》云：“霜后，肉白如雪，不腥，所谓金齑玉脍，东南之美味也。”松江，正指太湖口至吴江附近的一段吴淞江，所产鲈鱼特别鲜美，故吴江素有“鲈乡”之美称。诗的三、四句，诗人继续发出悲叹，说远离吴江三千里呀有家未归，恨不能得鲈鱼呀仰天长叹。张翰怀着如此深长的怨恨悲愁，自然不得不弃官返乡，在历史上留下了“莼鲈之思”的著名典故。

我们不能错怪张翰，思得鲈鱼不过是一个借口，真正的原因是时世不安，无可作为，这一层意想，藏在诗的言外。宋代龚明之早已看破了这层奥秘，他在《中吴纪闻》卷三引王赞的诗：“吴江秋水灌平湖，水阔烟深恨有余。因想季鹰当日事，归来未必为莼鲈。”接着，他评说赞诗曰：“赞之意谓翰度时不可有为，故飘然引去，实非为鲈也。”龚明之的话，点透“莼鲈之思”实是归隐思想的深意。祝镒《三高祠记》也说：“方时，齐王（冏）专朝怙己，署君东曹掾，君知其不终，难与独处，慨千里之羁宦，临秋风而长怀，托兴菰鲈，促驾告归。无何冏败。”“托兴菰鲈”，即指写作《思吴江歌》。后代许多诗人不满朝政，便归隐乡里，往往会联想到张翰的“莼鲈之思”，并运用这个典故抒发自己的情怀。这一独特的审美接受充分证实了龚明之的断想。元末明初周南老的《鲈乡亭》：“吴江鱼米乡，秋鲈味偏胜。步兵不耐官，千里动归兴。”“步兵”，指张翰。“不耐官”，就是厌恶官场的腐败，这才触动了他千里归乡的豪兴。明人唐寅《松陵晚泊》：“鲈鱼味美村醪贱，放筯金盘不觉空。”写诗人陶醉于诗酒之中，忘情于世俗之外，这完全符合他平素放浪形骸、鄙视名利的性格特征。清人吴绮《清平乐·太湖》：“烟波谁是吾徒？西风吹出鲈鱼。斜日荡桨艇子，醉教桃叶相扶。”暗用吴人张翰的典故，逗出归隐的词意。张太初《鲈乡亭》：“吴江江景冠江东，雨楫风帆去不穷。莫讶思鲈人未至，思鲈人在名利中。”诗人反用张翰典，从另一个角度构思立意，讽刺那些耽于名利、不肯归隐的人，运思巧妙，针砭之意含于言外，深得风人之致。

张翰一首诗，为吴江鲈鱼传扬了美名，更引发无数诗人的心灵共鸣，长久地传承不息，这真是诗坛奇观。

鲃肺汤美　名人留诗

历史上有许多并不是苏州人的文化名人，慕名来苏州，满足访古求胜的夙愿，留下自己的吟唱，也为苏州这座历史文化名城增光添彩。李白《苏台览古》："旧苑荒台杨柳新，菱歌清唱不胜春。只今唯有西江月，曾照吴王宫里人。"张耒《太湖上绝句》："风荡云容不成雪，柳偷春色影冲寒。湖边艇子冲烟去，天畔青山隔雨看。"张孝祥《枫桥》："四年忽忽两经过，古岸依然窣堵波。借我绳床消午暑，乱蝉鸣处竹阴多。"厉鹗《自石湖至横塘》："青山断处水连村，踏草无人见履痕。为爱横塘名字好，梦肠他日绕吴门。"都是脍炙人口的好诗。而近现代的文化名人于右任，对苏州也情有独钟，经常来访苏州，留下了不少吟咏苏州风物的诗篇，最为大家熟知的便是写于1929年的《邓尉看桂归次木渎与林少和王启黄张文生祁筱峰饮于石家饭店》：

老桂花开天下香，看花走遍太湖旁。
归舟木渎犹堪记，多谢石家鲃肺汤。

多谢石家鲃肺汤

于右任（1879—1964），原名伯循，以字行，陕西三原人。1906年东渡日本，会见孙中山，加入同盟会，确立了推翻清朝封建帝制、救国救民的崇高理想。他是国民党元老、辛亥革命时期的风云人物，又是杰出的书法家、诗人，诗歌与书法"双峰并峙"。1924年协助孙中山改组国民党，拥护孙中山制定的“联俄、联共、扶助农工”三大政策。1926 年，他赴苏邀请冯玉祥将军回国，重整旧部，进军西北，以策应北伐战争。1927 年，大革命失败，蒋介石反共剿共，倒行逆施，特别是“九一八”以后，蒋介石对日采取不抵抗政策，他大为不满。1931 年起任监察院院长，1949 年被逼离开大陆去台湾，1964 年逝世于台北。著有《右任墨缘》、《于右任墨迹选》、《于右任诗词曲全集》等。1927 年以后，连续几年，他因与蒋介石政见不合，心情郁闷，常来苏访友，本诗便写于 1929 年。他与友人到邓尉赏桂，回到木渎，畅饮于石家饭店，写下本诗，称赞饭店的特色菜鲃肺汤。诗的前两句，记述自己和友人的行程，后两句，径直点出名菜鲃肺汤。诗写得比较直白，却造就了木渎石家饭店和鲃肺汤的声名。店厨善于烹调鲃肺汤，用鲃鱼肺伴以南腿片、蘑菇、菜心，注入鸡汁，色、香、味俱全，鲜美可口。直到今天，木渎石家饭店依旧在，鲃肺汤也还是品牌菜肴。于右任的诗，就挂在饭店入口处。鲃肺汤美，名人留诗，石家饭店一店，鲃肺汤一菜，幸赖于右任一诗而扬名于海内外。

石家饭店

其实，于右任在 1930 年写的《苏州杂咏三首》(其三)，显得更有韵味：

桂花香里鲃鱼肥，载酒行吟归不归？
秋老太湖人醉也，江山满目雁南飞。

首句点节令，桂花吹香，鲃鱼肥美，正是金秋时节。次句点行迹。第三句紧紧承上，说自己泛舟太湖，载酒行吟，流连忘返，陶醉于深秋的景物中。三句一意，第三句该转未转，至第四句突然转出别意，抒发自己忧国伤时的感叹。这里，于右任运化了李德裕《次柳氏旧闻》里记载的故事，说唐明皇于安史乱时，将幸蜀，离京前闻一少年唱李峤诗：“山川满目泪沾衣，富贵荣华能几时。不见只今汾水上，唯

有年年秋雁飞。”(此乃李峤《汾阴行》中末四句)明皇闻后潸然泪下。于右任用典非常贴切,当时我们祖国正面临着内忧外患接踵而来的形势,蒋介石的反动面目大暴露,内战爆发,国共合作的良好局面遭受破坏,日本帝国主义蠢蠢欲动,诗人已经预感到今后战乱频仍的时局走向,因而深深忧虑国家的命运,发出“江山满目雁南飞”的深沉的历史感叹。载酒行吟于旖旎的太湖风光,也无法消除爱国诗人心头的郁闷。全诗的重心在第四句上,前三句是衬托,以乐景写哀,倍增哀愁,洵为好诗。

于右任在 20 世纪 30 年代,频仍来游苏州,一则留恋于苏州湖光山色的美景,二则与李根源、张一麐等老友会晤,而更重要的原因,是他的夫人黄纫艾女士出生于苏州。1928 年 9 月,夫人不幸病逝于上海,于右任遵她的遗愿,将她安葬在葑门外基督教卫理公会办的安乐园公墓内。

1964 年,于右任在临终前写下不朽的爱国诗篇《望大陆》:

葬我于高山之上兮,望我故乡,
故乡不可见兮,永不能忘!
葬我于高山之上兮,望我大陆,
大陆不可见兮,只有痛哭!
天苍苍,野茫茫,
山之上,国有殇!

他至死都情系祖国,情系大陆,情系故乡,情系亲人,也包括安葬在苏州的夫人黄纫艾女士。

元宵赏灯　时和年丰

古人很看重元宵佳节，正月十五日，万民群集通衢，张灯结彩，击鼓敲锣，欢乐通宵达旦，盛况空前。唐代诗人苏味道《正月十五日》诗云："火树银花合，星桥铁锁开。暗尘随马去，明月逐人来。"宋代词人辛弃疾的《青玉案·元夕》词云："东风夜放花千树。更吹落、星如雨。宝马雕车香满路。凤箫声动，玉壶光转，一夜鱼龙舞。"他们描写的都是唐宋时代京都元宵节的盛况。

《元宵灯会》

（桃花坞木刻年画）

苏州自古称繁华，元宵节亦自热闹，或则采松枝竹叶，结棚于通衢，白天悬彩，杂引流苏，夜则燃灯，辉煌火树，万民观赏，谓之"观灯"；或则悬五色彩灯于宅第，排筵赏灯，谓之"灯宴"；或则以锣鼓铙钹，敲击成节，满街鼎沸，谓之"闹元宵"。灯是元宵节的灵魂，人们因灯而赏心悦目，获得节日的喜庆感，获得审美享受，而灯市的繁盛，制灯、买灯、燃灯、赏灯，奠定了元宵节的物质基础。范成大《吴郡志》卷一"风俗"目中记载："上元影灯巧丽，他郡莫及。"袁景澜《吴郡岁华纪丽》卷一："吴台灯市繁盛，腊后春前，吴城坊巷各剪纸为诸色花灯，新制叠出。"范成大的《灯市行》，用优美的语言，为我们真实地再现了宋代元宵节苏州灯市的景况：

吴台今古繁华地，偏爱元宵影灯戏。
春前腊后天好晴，已向街头作灯市。
叠玉千丝似鬼工，剪罗万眼人力穷。

两品争新最先出，不待三五迎东风。
儿郎种麦荷锄倦，偷闲也向城中看。
酒垆博簺杂歌呼，夜夜常如正月半。
灾伤不及什之三，岁寒民气如春酣。
农家亦幸荒田少，始觉城中灯市好。

范成大(1126—1193)，字致能，号石湖居士，平江(今苏州)人。宋绍兴二十四年(1154)进士，历仕礼部员外部、起居舍人兼侍讲、四川制置使知成都府，以中大夫参知政事，后又知明州、健康府、卒谥文穆。工诗，饶有唐韵。与尤袤、杨万里、陆游合称"南宋四大家"，著有《范石湖集》。

这是一首乐府诗，平仄交替用韵，前四句，上声四纸，去声四寘通叶，总的描写吴地灯市的盛况，立春前、腊月后，工艺师、商人们已经在街头摆开灯市。顾禄《清嘉录》云："腊后春前，吴趋坊、申衙里、皋桥、中市一带，货郎出售各色花灯，精奇百出。如像生人物，则有老跎少、月明度妓、西施采莲、张生跳墙、刘海戏蟾、招财进宝之属；花果则有荷花、栀子、葡萄、瓜、藕之属，百族则有鹤、凤、鵁鹊、猴、鹿、马、兔、鱼虾、螃蟹之属；其奇巧则有琉璃球、万眼罗、走马灯、梅里灯、夹纱灯、画舫、龙舟，品目殊难罗举。至十八日始歇，谓之灯市。"

《闹元宵》(宋)

次四句，换叶上平声一东韵，盛赞苏灯，特别提到两品最为名贵的灯彩。《吴郡志》卷二："有万眼罗及琉璃球者，尤妙天下。"范成大《吴灯两品最高》也说："镂冰影里百千光，剪彩球中一万窗。"即指这两种灯彩。"叠玉千丝"，指琉璃球灯，诗人在《上元纪吴中节物俳谐体三十二韵》"千隙玉虹明"下自注："琉璃球灯每一隙映成一花，亦妙天下。"并在《咏吴中二灯·琉璃球》中咏道："龙综缫冰茧，鱼文镂玉英。雨丝风外绉，云网日边明。叠晕重重见，分光面面呈。不深闲里趣，争识个中情。”“剪罗万眼”，指万眼罗灯，诗人在《上元纪吴中节物俳谐体三十二韵》“万窗花眼密”下自注：“万眼灯以碎罗红白相间砌成，工夫妙天下，多至万眼。”范成大《咏吴中二灯·万眼罗》咏道：“弱骨千丝结，轻球万锦装。彩云笼月魄，宝气绕星芒。檀点红娇小，梅妆粉细香。等闲三夕看，消费一年忙。”诗中详细描写了两品灯彩的形制和风采，还在多首诗里加以表现，可见他是十分喜爱这两款苏州灯彩的。工艺师们竭尽全力创造种种灯彩，巧夺天工，不必等到正月十五，已经挂在街头，迎着东风，供人观赏、购买。济南人周密也极口称赞苏州的灯品，说：“元夕张灯，以苏灯为最。”（《乾淳岁时记》）绝非虚言。

再次四句，换叶去声十五翰韵，诗人运用侧笔，继续形容苏州灯市之繁盛，他说开春后，农村中的青壮年忙着荷锄种麦，也要偷闲跑到城中观看灯市，酒店吆喝声、歌声相杂，热闹非凡，夜夜像元宵节一样。他从两个不同的侧面，反映苏州元宵节、灯市的喧盛情况。

最后四句，先换平声十三覃韵，再换上声十七篠、十九皓韵，点明灯市、闹元宵的真实意义：庆贺丰年，禳除灾难。人们期望年年五谷丰收，灾伤能降到最低程度。时和年丰，百姓感受到春气酣畅，自然也就感到城中灯市的美好，诚如袁景澜所说：“年丰便觉戏事好，太平鼓响生春风。”（《灯市行》）范成大在诗中赞灯，也是赞颂创造灯彩的人——苏州的民间工艺师，他们的制灯技艺，造诣高深，如鬼斧神工，妙绝天下。全诗语言明白流畅，不假雕饰，切合乐府诗的体制，频仍换韵，形成本诗韵密、节奏感强的特征，增强了诗的音乐性，读来朗朗上口，浏亮动听。

苏州人承受着丰厚的文化积淀，先辈的制灯技艺默默传承至今，苏州的灯彩依然名扬天下。特别可喜的是，传统工艺与现代科技相结合，电光、音乐、工艺美术互为交通，融光、影、声、色、形、神、情、韵于一体，令今日苏州的灯彩更其绚丽夺目，装点着人间天堂苏州，让人们深入地、真切地体验到太平盛世的风采和欢乐。

元墓探梅　馥郁璀璨

吴人有元墓探梅的习俗，每当惊蛰节过后，暖风入林，元墓山一带梅花渐渐吐蕊，郡人纷纷买舟虎山桥，取道费家河头，入诸山探梅。梅林绵延数十里，馨香馥郁，璀璨玲珑，沁人心脾，清人眼目。如此清雅的赏游活动，岂能无诗？骚人墨客咏写元墓探梅诗，真是不胜枚举，而宋荦的《雨中元墓探梅余于吾家山题香雪海三字》诗，语清韵清，风神悠远，更引人注目：

探梅冒雨兴还生，石径铿然杖有声。
云影花光乍吞吐，松涛岩溜互喧争。
韵宜祥榻闲中领，幽爱园扉破处行。
望去茫茫香雪海，吾家山畔好题名。

宋荦（1634—1713），字牧仲，号漫堂、绵津山人，商丘（今属河南）人。历仕刑部郎中、山东司臬、江西巡抚，康熙三十一年（1692），调任江苏巡抚，抚吴十四年。工诗，有《绵津山人诗集》传世。本诗作于康熙三十五年（1696）。元墓，即邓尉山，因东晋青州刺史郁泰元葬此山而得名。诗题中的“吾家山”，即夏驾山，在邓尉山之西。诗篇发端就题写，写雨中探梅，幽兴斐然，拄杖点石，铿然有声。颔联实写，吟咏沿途风光，天上的云影与梅林的花光互为映发，粉鲜玉皎满眼明；松间的涛声和山间的溪流互相喧争，交响成悦耳的清韵。颈联虚写，坦示自己的审美情趣，宜在僧榻上远闻梅之清芬，领取闲静的韵味；独爱往园扉的破缺处行走，细品梅之幽姿。尾联一个“望”字，总束以上诗意，邓尉、铜坑、夏驾诸山，千树万树梅花开，弥望不绝，茫茫白如雪，香气蓊勃，真如花之海，诗人不禁吟出“香雪海”三字，自觉很满意，便将它题在岩石上。《苏州府志》称：“东为夏驾，向未有名，山不甚高，四面

陆恢《探梅图》

皆树梅。康熙中，巡抚宋荦题‘香雪海’三字于崖壁，其名遂著。”从此，苏州人赏梅必至“香雪海”，邓尉梅花，驰名海宇。

明清时，郡人探梅有固定的路线，顾禄在《清嘉录》卷二记载了其先辈留下的元墓探梅路径：

由光福至三官堂前，至费家河头，抵涧里乌山头、铜坑，寻吟香阁遗址，过巉山头及草庵、金鱼涧，登官山岭，取董分墓，至元墓山，从蔡家坞一直至柴庄岭、老虎洞、姚家河头宿。越日，从姚家河头经光福、凤鸣冈，上峙崦岭、司徒庙，看清奇古怪四大树。上香雪海。由倪家巷、铜井山下，至潭东。上弹山，登石楼，转天井上，看红梅绿萼之和丰庵。登六浮阁，看太湖。至潭西球，访五侯公墓。过蟠螭山，上大石壁，归绣球山。由潭东上长旗岭，过钱家墈，一直仍上柴庄岭。归舟，梅花数十里，历历在目。若误趋他途，往往有不能遍历者。

袁景澜《吴郡岁华纪丽》亦载有探梅路径，与顾书相仿佛。王士祯《邓尉竹枝词》也能约略看出这条路线。现在，公路遍布农村，赏梅可以驱车循公路直达香雪海，省时省力。可惜，这样就难以领略山间寻路探梅的雅兴和野趣。笔者认为不妨开辟一条元墓探梅的旅游线路，让人们遨游于绿水青山之间，徜徉于雪梅翠竹之下，回归大自然的怀抱，松弛紧张的神经，恢复精神，倒也不失为一件好事，不知大家赞同我的意见否？

观看牡丹　赏心悦目

牡丹花出洛阳，人所共知。苏州人也爱牡丹，我们的祖先从洛阳移来花种栽培。种牡丹、赏牡丹之风，始盛于宋代。范成大《吴郡志》记载北宋朱勔在阊门家圃里种牡丹数万本。朱勔败，家圃中牡丹尽荒芜。南渡以后，人家稍稍又接种牡丹，品种不过十数种。至明代，其风极盛，园林、会馆、佛寺等处的池馆、坛圃，悉皆栽种，甚至私家后院中、书斋前，也栽种数丛，以供赏玩。洞庭山、光福等地的艺花工匠，至花时运载牡丹花至山塘花市出售。前代诗人往往吟咏赏牡丹的盛况。沈周《吴瑞卿染黑牡丹》："雨晴风晴日杲杲，趁此看花花更好。"陆师道《昌公房看牡丹歌》："吴中三月花如绮，百品千名斗奇靡。"申时行《小园初植牡丹结亭垂就忽放一花时逼长至》："新台药圃结亭台，倾国奇葩忽自开。"而明人吴宽的一首《吏部后院牡丹》诗，写得特好，云：

嫣然国色眼中来，红玉分明簇一堆。
最爱倚栏如欲语，缘知举酒特先开。
洛中旧谱头须接，吴下新居手自栽。
若向花间求匹配，扬州琼树是仙材。

吴宽（1435—1504），字原博，号匏庵，长洲（今江苏苏州）人。成化八年（1472）进士及第，历仕少詹事兼侍读学士、吏部侍郎、礼部尚书。工诗，沉郁深厚，如其人，与沈周交密，多所唱酬，著有《匏庵家藏集》。这是一首咏花律诗，首联从牡丹花的色泽、形貌、风神入手。吴宽写眼前的牡丹，色泽红白分明，两色错杂，簇聚一堆，花容嫣然，风神绰约，号称"国色"。唐代诗人李正封咏牡丹句："国色朝酣酒，天香夜染衣。"（载《摭异记》）"国色"一词，便成为后代咏牡丹诗的特定词汇。颔联运用拟人化手法，赋予牡丹以人的灵性和情感，将它写活了，说它最爱倚栏欲语，因知主人举杯赏花而特意提前开花，它是那么灵动可爱，善解人意。“花欲语”，典出王仁裕《开元天宝遗事》，明皇赏荷花，指贵妃曰：“争如我解语花？”颔联咏牡丹花之栽种。花种须从洛阳来，故云“洛中旧谱”，“头须接”，是说接花法，《广群芳谱》卷三四：“接头枝如及时截取者，藏新篓润土十余日，行数百里，亦可接活。”花种运到苏州，再亲手栽种在新居里。尾联拍合全诗，盛赞牡丹花是仙花，只有扬州的琼花可与媲美。全诗运用多种技法，真切地写出自己观赏牡丹花的审美感受。

赵之谦《牡丹图》

赏牡丹的最佳观赏时间是每年的“谷雨”节后。欧阳修《牡丹记》：“洛阳以谷雨为牡丹开候。”顾禄《清嘉录》载民谚云：“谷雨三朝看牡丹。”则吴地赏牡丹也应在谷雨后。斯时，牡丹受暖气的催发，纷纷开花，“春粉腻霞微著晕，露红浙玉淡生痕”（沈周《赏玉楼春牡丹》语）。园林开放，游人纷至沓来，不论男女老少，皆来观赏，别有一番风光，古人称之为“看花局”。蔡云《吴歈》：“神祠别馆聚游人，谷雨看花局一新。”袁景澜《姑苏竹枝词》：“谷雨名花万树香，楼台歌舞赏春光。”

古韵化为今风。当今，苏州各大园林中都栽种牡丹，观赏十分方便。谷雨过后，牡丹盛开，花团锦簇，姹紫嫣红，大家观其丽色，挹其清芬，品其美姿，悟其品性，真是赏心悦目，获得多方面的审美享受。赏牡丹已成为苏州人文化生活中不可或缺的一项活动。请大家不要辜负这良辰美景，失去这天赐的良机。

清明扫墓 淳朴风存

苏州人每年在清明前后扫墓，俗曰“上坟”。苏州老百姓家家扶老携幼，到祖茔祭扫，献花焚香，礼拜祖先。这种风尚，传承着淳朴古风，久远绵长。顾禄《清嘉灵》卷三：“士庶并出祭祖先坟墓，谓之上坟。间有婿拜外父母者。以清明前一日至夏至日止。”袁景澜《吴郡岁华纪丽》卷三：“吴俗，清明前后出祭祖先坟墓，俗称上坟。”周宗泰《姑苏竹枝词》：“衣冠稽首祖茔前，盘供山神化楮钱。”家住葑门的苏州诗人许锷《清明扫墓》诗云：

荒墩古木夕阳微，游客惊心泪染衣。
满目凄风寒食路，野棠花杂纸钱飞。

清明戴柳（清）

许锷（生卒年不详），字达夫，号颖叔，自号瓢隐居士，吴县（今江苏苏州）石湖人，咸丰年间布衣，应聘为张涌家教席。工诗善饮，擅楷书，著《石湖棹歌百咏》，有精抄稿本传世。

许锷诗句首先描写墓地景色，荒墩老坟，古木郁郁葱葱，夕阳照在墓地，益发凄凉，使游客心惊，扫墓人哭祭，泪沾衣襟。古代交通不便，人们都要乘船到墓地，如果墓地离家很远，到达时已是傍晚，所以夕阳斜照。后两句直承前二句诗意来，“满目凄风”，恰是前面诗意的总括。这里提到“寒食路”，诗人描写这一天是“寒食节”。寒食节，在清明前一二天。我国唐代风俗本来就定寒食节为扫墓日，李贺《感讽五首》（其二）：“寒食摇杨天，愤景长肃杀。”诗句写的是李贺于寒食日去贾谊墓。柳宗元《与许宗兆书》：“近时礼重拜扫，每遇寒食，田野道路，士女遍野，皂隶佣丐，皆得上父母邱墓。”唐玄宗《许士庶寒食上墓诏》：“寒食上墓，礼经无文，近代相传，浸以成俗。士庶有不合庙享，何以用展哀思？宜许上墓拜扫，申礼于茔南门外。”唐李匡文《资暇录》卷中也说：“寒食拜扫，按《开元礼》第七十八云：昔者宗子去在他国，庶子无庙，孔子许望墓为坛，以时祭祀。今之上墓，或有凭矣。”后代才渐渐移到清明节，苏州人褚人获《坚瓠集》就说：“吴中于清明前，子女长幼持牲醴楮钱，祭扫坟墓”。《元和县志》、《吴县志》则说：“寒食清明扫墓。”

许锷诗的结句，说野棠梨花和着焚化过的纸钱灰一起飞动，写墓地景色，很真切。“纸钱”，古已有之，烧给神鬼使用的钱，也有的用线将纸钱串起来，挂在墓旁。唐封演《封氏闻见记》谓：“纸钱，晋魏间已有之。”至唐代，盛行之。王建《寒食行》：“三日无火烧纸钱，纸钱那得到黄泉。”《新唐书・王屿传》：“汉以来，葬者皆有瘗钱，后里俗稍以纸剪钱为鬼事。开元二十六年，屿为祠祭使，始用之禳祓祭祠。”袁景澜《吴郡岁华纪丽》卷三：“吴俗，清明祭墓，皆焚化纸钱、楮锭。纸钱以黄同纸切而为佰，楮锭以金银箔糊成。”他对清代吴地运用纸钱的风俗讲得很清楚。近当代，江南一带老百姓都用锡箔代替纸钱、楮锭，锡箔折成绽形，以代楮锭。

苏州人清明扫墓，祭祠祖宗，礼拜、追怀先人，寄托哀思，这是淳朴古风的传承。陆机《吴趋行》：“土风清且嘉”。范成大《吴郡志・风俗》：“风俗澄清。”苏州人扫墓祭祖的习俗，正体现民风的淳朴清嘉，世世代代，传承不息。

轧神仙　交个好运

每年农历四月十四日，苏州有个盛大的民俗活动，叫“轧神仙”，至今盛传不衰。这个活动，唯独苏州有，附近其他城市没有，因此，到这一天，除了苏州人外，无锡、上海、杭州、嘉兴、湖州等地的老百姓，也都来从兴，轧轧神仙，沾点仙气，交个好运。

苏州皋桥东，原来有座福济观，俗称神仙庙，庙中供奉道教八仙之一的吕洞宾像。“福济观在吴郡皋桥东，俗称神仙庙，中奉回仙吕祖像。”（袁景澜《吴郡岁华纪丽》卷四）据徐崧、张大纯《百城烟水》卷二“吴县”记载：“福济观，俗称神仙庙，在皋桥东。宋为李王祠。朐山王省斡大猷来吴，淳熙某年四月十四日，从岩中道院陆道坚设云水斋，感异人，授神方，以疗风疾，至今赖之。”书中并没有提到“轧神仙”。顾禄《清嘉录》卷四有“轧神仙”条，云：“仙诞日，官为致祭于福济观，观中修崇醮会，香客骈集。相传仙人化为褴褛乞丐，混迹观中，而居人之有奇疾者，至日烧香，往往获疗，谓仙人怜其诚而救度也，谓之轧神仙。”说得比较清楚。仙诞日，即吕洞宾的生日，为四月十四日，浦江清《浦江清文录·八仙考》据《道藏·金莲正宗记》、《金莲正宗仙源像传》、赵道一《真仙通鉴》、《吕祖志》、《纯阳帝君神仙妙通纪》，都说吕洞宾生于唐贞元十四年四月十四日。袁景澜《吴郡岁华纪丽》卷四“四月”中有“轧神仙”一条，记载与《清嘉录》相似。两书记载“轧神仙”，均作“轧神仙”，轧，《说文》无此字，顾野王《玉篇》：“軋，轧也。”轧，音轧，顾禄云：“吴人谓人众不得出而力附之曰轧，亦作轧。”（《清嘉录》）这是语言转俗的现象，像“煠”音闸，俗语不写煠而写闸，道理是一样的。

传说吕洞宾在生日那天，化身为乞丐，混迹于人群中，来到苏州神仙庙，济世度人，为人疗疾，点化庶民。道家在庙中打醮，各种商贩云集，售小盆花卉，谓之神仙花，售五色粉糕，谓之神仙糕，售重须钹帽，谓之神仙帽。吴人倾城而至，进香祈仙，相轧寻仙，热闹非凡。张大纯《福济观》诗云："吴市近喧阗，十丈红尘聚。倾城来士女，纷若搏风絮。妄思非分福，兹长爇香炷。神仙在眼前，觌面不相遇。"袁景澜《姑苏竹枝词》："福济喧游四月天，笱輮争踏运千年。神仙凢处香尘涌，胜有归人拾翠钿。"两诗描写"轧神仙"的盛况，非常生动，但是都没有写到吕洞宾，独独蔡云《吴歈》诗中写到仙人：

洞庭飞尽到姑苏，笑逐游人倚酒垆。
今日玉皇高阁下，犹闻醉后朗吟无？

蔡云(1764—1824)，原名靖，字立青，号秋耕，元和(今江苏苏州)人。累试不售。工诗，词旨修洁，格律精整，著有《借秋亭诗草》、《吴歈百绝》。

蔡云的诗主要是依据吕洞宾的诗意写成的。宋代郑景璧《蒙斋笔谈》记载吕洞宾两首诗，其中一首说："朝逝岳鄂暮苍梧，袖有青蛇胆气粗。三入岳阳人不识，朗吟飞过洞庭湖。"蔡云诗的首二句，说吕洞宾飞过洞庭湖，来到苏州，参加轧神仙活动，随着游人笑嘻嘻地倚在酒垆旁，没有人认识他。蔡云将这位本来在湖南洞庭湖地区漫游的吕洞宾，拉到了苏州。后二句说，自从福济观中建造了玉皇阁以后，吕洞宾不愿朝拜玉皇，不再到迎仙阁来，自然也就听不到他朗吟诗歌的声音。诗意与《清嘉录》的记载相吻合："观中旧有迎仙阁，是日众仙聚饮阁中。后建玉皇阁，吕仙恐朝参，遂不复至。"

神仙庙

改革开放以来，苏州"轧神仙"这个民俗活动，依然传承了下来，在有识之士的推动下，传统文化与现代文明相结合，赋予传统的民俗以新的时代特点，发展成新型的庙会，集商贸、中医、宗教于一体。整个"轧神仙"活动，既有道教的祀

神、娱神的活动，道教文化的展示，又有舞龙舞狮、挑花担、民间丝竹演奏等民俗文化活动；既有民族特色商品、各种风味小吃展销，又有民间手工艺技巧、时尚女性服饰展示。活动期间，内容丰富多彩，气氛热闹欢乐，群众不分男女老幼，纷纷参与，纷来沓至，汇成人的海洋。1999 年，神仙庙从皋桥移建到南浩街，“轧神仙”活动也移到南浩街，连接新石路地区、山塘街地区，活动空间拓展扩大，可以容纳更多的人群，逐渐形成“轧在南浩街，购在新石路，吃在老街坊，游在古山塘”的四个街区联动的格局。“轧神仙”活动出现了前所未有的新面貌，让苏州人玩得开心，吃得称心，体现出老百姓的文化心理，日益强化人情味，淡化神仙味，让民俗活动从神性向人性过渡，逐步完成“轧神仙”活动新变的历史使命。

端午佳节　驱毒辟邪

每年农历五月初五，民间要过“端午节”，又称“端阳节”。这个节日由驱毒辟邪、驱除瘟疫的民间习俗演变而来，全国各个地区都有，但各地民俗风情不同，过法也多种多样。苏州人有自己的“过端午”习俗，有些与外地相同，也有些与外地不同，带有浓厚的地方色彩。

“端午”，宗懔《荆楚岁时记》引周处《风土论》：“仲夏端午，烹鹜角黍。”《百城烟水》卷一：“端午观竞渡。”也有作“端五”者。宋张表臣《珊瑚钩诗话》卷二：“端五之号，同于重九。”“世之以五字为午，则误矣。”顾禄《清嘉录》卷五“端五”条云：“五日，俗称端五。”袁景澜《吴郡岁华纪丽》卷五：“吴俗亦以五日为端五。”宋人黄朝英《靖康缃素杂记》“端午”条则认为“五与午字皆通”。

苏州人端午节的习俗，较早记载的有范成大《吴郡志·风俗》：“重午以角黍、水糰、彩索、艾花、画扇相饷。”《百城烟水》卷一也作了概要性的记载：“端午观竞渡，饷角黍，作雄黄昌阳饮，儿女辈彩索缠臂，簪艾叶、榴花以辟邪。”清人蔡云为此作了两首《吴歈》：

称缒粽子满盘堆，好侑雄黄入酒杯。
余沥尚堪祛五毒，乱涂儿额噀墙根。

蒲蓬卵蒜挂床前，茳术香芸地下燃。
还怕夜来眠不隐，碧纱帐外点蚊烟。

这两首绝句诗写了很多苏州的主要端午习俗。第一首首句写了吴地端午裹粽子的习俗。《吴郡岁华纪丽》卷五：“吴门端五节，争以角黍为节物，巧制各种俱备。又有枣子粽、火肉粽等新制，居人买以相馈贻，并以祀先。”《长洲县志》、《元和县志》、《吴县志》皆云：“五日食

端午裹粽

角黍。”角黍，俗称粽子，以箬叶裹糯米，加栗、枣、豆沙、蛋黄、火腿肉等，裹成三角形、一角形，称为菱角粽、称锤粽。亲戚朋友互相馈赠，粽子成为应节的礼品。第一首次下三句，描写端午时饮用、涂洒雄黄酒的习俗，《吴郡岁华纪丽》卷五：“今吴俗，午日多研雄黄末屑、蒲根和酒以饮，谓之雄黄酒。又以余酒染小儿额、胸、手足心，云无蛇虺之患。复洒余沥于门窗墙壁间，以祛辟毒虫。”“五毒”，五种毒虫，各地记载不同，蔡云《吴歈》注：“五毒，蟾蜍、蜥蜴、蜘蛛、蛇、蚿。”蔡云是吴人，应以他的说法为准。

第二首诗，描写了苏地端午节悬挂蒲艾、焚烧芷术以驱毒辟邪的习俗。首句写吴人在床前挂蒲蓬、蒜头，“蒲蓬”，即菖蒲蓬草，“卵蒜”，小蒜。端午节前数日，

端午购蒲蓬卵蒜

街头巷口，有乡间农户来兜售“蒲蓬”，他们将菖蒲叶、蓬艾和蒜头扎成一束，以便市民佩挂。《吴郡岁华纪丽》卷五“蒲剑艾旗”条云：“吴俗，端五截蒲为剑，悬艾为旗，副以桃梗、蒜头，悬床户间，云以禳毒却鬼。”《清嘉录》卷五引《昆新合志》：“五日，户悬蒲蓬、桃蒜等物以辟邪。”蔡诗的次句，描写屋内焚烧芷术以祛毒虫。《清嘉录》卷五“辟瘟丹”条云：“男女佩带辟瘟丹，或焚于室中，益以苍术、白芷、大黄、芸香之属，皆以辟疾祛毒。”端午节前，中药店早已准备这类药物，以便顾客购买，也有馈赠老主顾的。《吴郡岁华纪丽》卷五“端五”条云：“延赏端阳，药肆馈遗苍术、白芷、大黄、雄黄等品于常所往来贸易之家。”

蔡云的诗还未将苏州端午节的风物全写到，现择传承至今的几种，补出如下：

一、带长命缕。端午时结五色丝线为索，缚在手臂上，男子在左手，女子在右手，谓之长命缕。《百城烟水》卷一：“儿女辈彩索缚臂。”《清嘉录》卷五“长寿线”条云：“结五色丝为索，系小儿之臂，男左女右，谓之长寿线。”这种风俗，由来已久，应劭《风俗通义》：“五月五日，五彩丝系臂，名长命缕。”（此为佚文，见《初学记》卷四）可见汉代已有此风。

二、为小孩穿戴虎形衣物。苏地端午节，大人要为小孩穿着印有虎形图案的衣服，缝制虎头鞋，编钱为虎头形，系小儿胸前。《吴郡岁华纪丽》卷五“端午女红节物”条云：“又编钱为虎头形，系小儿胸前，以示服猛。”《清嘉录》卷五“老虎头老虎肚兜”条云：“编钱为虎头形，系小儿胸前，以示服猛，谓之老虎头。又小儿系赤色裙襕，亦绣为虎形，谓之老虎肚兜。”

三、食鲼鱼。鲼鱼，又名石首鱼，出海中，吴中端午日必食此鱼。《吴郡岁华纪丽》卷五“鲼鱼市”条云：“吴中重午日，居民必买此鱼，为祀先赏节之需。”袁景澜《鲼鱼》诗：“海鲜争聚吴阊市，五月鲼鱼最称美。”端午日，家家厨娘忙着烹煮鲼鱼，成为节日之佳美食品。

四、划龙船。详见本书《龙舟竞渡　嬉戏娱乐》。

吴地端午节的种种风俗，有的是信仰性的，如吃粽子、带长命缕、为小孩穿戴虎形衣物等，有的却是保健性的，确有科学道理，如饮雄黄酒、挂蒲蓬、烧芷术等。端午节习俗能长期传承下来，体现出人们纪念伍子胥的人文精神，更寄托了人们促进健康、祈求长寿的殷切希望。

龙舟竞渡　嬉戏娱乐

唐宋时代，宫廷内有龙舟竞渡夺标之游戏，唐王建《宫词》、宋孟元老《东京梦华录》详载其事。在民间，则别有竞渡之习俗。荆楚地为吊屈原而振楫竞渡，宗懔《荆楚岁时记》：“五日竞渡，相传吊三闾大夫而作。”刘禹锡《竞渡曲序》：“竞渡始武陵，至今举楫相和之音，咸呼云何在，斯招屈原也。”此与吴地无涉。苏州竞渡之戏，则为悼念伍子胥。赵晔《吴越春秋》已肇其说，宗懔引邯郸淳《曹娥碑》：“五月五日，迎伍君逆涛而上，为水所淹。”朱彝尊《吴门午日观竞渡》也说：“尽传迎伍相，不比吊三闾。”袁景澜《山塘观竞渡》：“又传勾践悯胥忠。”都说明古吴端午竞渡为表彰伍子胥之遗忠。这种风俗，到了清代，达到极致，盛况空前，虎丘山塘、阊门胥门、南濠北濠、枫桥西路水滨，皆有划龙船之水嬉，顾禄《清嘉禄》有一段详细的记载：

龙舟竞渡

男女耆稚，倾城出游，高楼邃阁，罗绮如云，山塘七里，几无驻足之地。河中画楫樴比如鱼鳞，亦无行舟之路。欢呼笑语之声，遐迩振动。土人供买耍货食品，所在成市，凡十日而罢，俗呼划龙船市。入夜，燃灯万盏，烛星吐丹，波月摇白，尤为奇观，俗称灯划龙船。

清代诗人咏唱这种盛会，如顾嗣立作《竞渡词》十首，邵长蘅作

《冶游》,朱彝尊作《吴门午日观竞渡》、惠周惕作《山塘观竞渡》八首。今特选袁景澜《虎阜龙舟词》中的二首绝句作代表,品赏之:

云涛鼍鼓共喧哗,翠盖红旗照水涯。
人物画图添着色,单衫金绣八团花。

雪卷龙髯骇鹭鸥,弄潮嬉戏几时休。
秧针刺水蚕登箔,不为农忙废此游。

袁景澜,一名学澜,字文绮,元和(今江苏苏州)人,生活于嘉庆、同治年间。屡试不第,隐于尹山乡袁村。能诗,才华丰赡,诗思清和,他的《姑苏竹枝词》、《苏台揽胜词》尤为时人传诵。所著《吴郡岁华纪丽》,记述苏州岁时节令、风土人情,考见古今风俗之殊,并配以大量诗篇,相辅相成,最见特色。本诗是组诗,凡二十三首,从不同的视角、侧面,咏龙舟竞渡事。前一首上两句,先写声,响彻云霄的鼍鼓声与人的喧闹声相应和,创造出一种"声势飞腾气雄壮"的竞渡氛围。再写色,龙舟上的翠盖红旗,映照于水涯,色彩鲜艳,形成"波心龙影"的独特景观。后两句,转而写龙舟上的水手,他们身穿白色的单衫,上面用金丝绣出八团花。诗人抓住"彩衣"的审美特征,用极美的语言,着意形容这场"水嬉"的主人翁,他的赞美之情,不着一字,完全蕴含在这个艺术形象之中。

后一首,诗人并不采用正面描写之法,却从另一个侧面烘染虎丘龙舟竞渡的盛况。诗人从龙舟的船头着笔,龙舟在水中急进,溅起水沫如雪花,水沫沾满船头龙髯上,惊动了水中的鸥鹭水鸟。次句说龙舟鸣金伐鼓,划桨如飞,水珠四溅,弄潮儿兴高采烈,嬉戏不已,毫无休憩的意思。三、四句掉转笔头,描写时下正是农村插秧、养蚕最繁忙的时节,但农夫、蚕娘们不因为农忙而放弃观看划龙船的机会。诗人运用衬笔,以龙舟惊人的吸引力,烘托出划龙舟的热闹场景,风神悠然,含蓄蕴藉,耐人品味。

随着时间的推移,苏地端午龙舟竞渡的盛况,远不如从前,每当人们读着邵长蘅"五月胥江怒,水嬉观竞渡。团扇薄不遮,故教冶容露"(《冶游》),顾嗣立"锣挟鸣涛鼓骇雷,红旗斜插剪波来。锦标夺到轩腾处,风卷龙髯雪作堆"(《竞渡词》)的诗句,不禁浮想联翩,兴象满眼前。何时能复睹这番风光?我们将翘首以待。

梅黄时雨　气闷蒸湿

你一定读过"梅子黄时雨"的词句，也一定知道"贺梅子"其人。今天，我们一起再来欣赏一下贺铸的《青玉案》：

凌波不过横塘路，但目送、芳尘去。锦瑟年华谁与度？月桥花院，琐窗朱户，只有春知处。　　飞云冉冉蘅皋暮，彩笔新题断肠句。若问闲愁都几许？一川烟草，满城风絮，梅子黄时雨。

贺铸(1052—1125)，字方回，号庆湖遗老，卫州共城(今河南辉县)人。宋太祖孝惠皇后族孙，历仕右班殿直，泗州、太平州通判，仕途不得意。晚年居吴下。有人认为他是苏州人，也有人认为他是绍兴人，皆误。有《东山词》传世。他于宋大观二年(1108)居吴门，手校李贺集，时年五十七岁。叶延琯《吹网录》"虎邱贺方回题名"条记载虎丘白莲池临水石壁有贺方回等人题名："贺铸、王防弟枋、苏京、姪余庆，大观戊子三月。"鲍钦正《李长吉集跋》："大观戊子居吴门，并取诸本手自校定。"

这首词写于苏州。古代诗词中的"横塘"随处可见，崔颢《长干行》："君家住何处，妾住在横塘。"此是金陵之横塘。陆游《横塘》："横塘南北埭东西。"此是山阴之横塘。而本词首句中的"横塘路"，确指苏州的横塘。据宋代龚明之《中吴纪闻》卷三："(贺铸)有小筑在盘门之南十余里，地名横塘，方回往来其间。"词的前阕六句，描写意想中的美人不肯到横塘来，只能目送她翩然离去。接着又推想她如花年华，与谁共同度过。她在花前月下，朱户绮窗，独自幽怨徘徊，只有"春"知道她的去处。为使词的语言精美，贺铸概括前代名家警句入词。如"凌波"，形容女子轻盈的步履，语出曹植《洛神赋》："凌波微步，罗袜生尘。"又如"锦瑟年华"，写女子年方妙龄，用李商隐《锦瑟》："锦瑟无端五十弦，一弦一柱思华年。”

后阕写眼前景，心中情。过片处承上阕词意，写自己等候美人不来的怅惘心绪，运化曹植《洛神赋》“尔乃税驾于蘅皋，秣驷马乎芝田”句意，又妙用江淹梦见郭璞授予五色彩笔的典故，说佳人兮不来，彩笔只能书写断肠的词句。最后四句，化虚为实，用可以感触的具象，接连三个比喻，形容无形的情感“闲愁”，比拟精当，喻象生动，极具艺术魅力。

有人解本词，真以为词人看见了一位妙龄女郎，这完全是误解。贺方回虽出身皇亲，但生性耿直刚正，故沉沦下僚，晚年退居苏州横塘，“自有一番不得意，难以显言处”（黄氏《蓼园诗话》语），便假托男女相思之情，抒写怀才不遇的愁情。这种题旨，本是常见的感慨，本词的妙处，正在贺铸将眼前苏州横塘周边的烟草、风絮、梅雨三个意象组合起来，形容“闲愁”的繁密，“尤为新奇，兼兴中有比，意味更长”（罗大经《鹤林玉露》乙编卷一），形成本词兴寄深远、含蓄蕴藉的审美特征。因为本词广为流传、脍炙人口，贺铸也为此而赢得“贺梅子”的雅号（见宋周少隐《竹坡老人诗话》卷一）。

苏州每年农历“芒种”后，都要度过黄梅天。宋陈善《扪虱新话》：“江湖二浙，四五月间梅欲黄而雨，谓之梅雨。”元高德基《平江纪事》：“吴族以芒种节气后遇壬为梅，凡十五日，夏至节气后遇庚为出梅。”顾禄《清嘉录》、袁景澜《吴郡岁华纪丽》都记载了这样的岁时特征。陈岩肖《庚溪诗话》卷上云：“江南五月梅熟时，霖雨连旬，谓之黄梅雨。”这时气闷蒸湿，衣物容易霉变。这个节令带出不少吴地人的风俗，如“藏梅水”，《清嘉录》卷五：“居人于梅雨时，备缸瓮，收蓄雨水，以便烹茶之需，名曰梅水。”袁景澜诗云：“廉纤丝雨熟黄梅，贮水烹茶待客来。”（《梅水》）又如“曝书物”，梅雨季节，气闷蒸湿，书籍衣物易生霉，故郡人常于六月六日在烈日下曝晒书籍、衣物。钱思元《吴门补剩》：“六月六日在烈日下曝书画。”潘奕隽《六月六日晒书》诗云：“三伏乘朝爽，闲庭散旧编。”当代苏州人，特别是年轻人，可能不大知道、理会这些节令习俗，读读上述古诗词，了解一些情况，或许对自己的日常生活亦有些参考意义。

境幽风清　消夏避暑

现代苏州人过夏天，消暑的好办法是开空调，溽暑全消，凉意袭人，生活过得很惬意。古代人没有空调机，怎样“消夏”呢？人们便寻访清风多、凉意足的山水胜处，避暑消夏。吴郡最理想的避暑胜地，便是西山消夏湾。王鏊《消夏湾》诗云：“信是人间无暑地，我来消夏又消闲。”张大纯《消夏湾》：“一湾湖作沼，六月暑如秋”。沈彤《游包山记》描写这里的风光说，消夏湾周围二十里，北临缥缈峰，吞纳溪涧、湖水，三面环峰，一面水汇，“舟子谓余此湾相传吴王避暑处，夏月蒹葭映水，芙蓉翻风，清香满湾，曦晨不到于时，盖尤胜矣”。顾禄《清嘉录》卷六也称赞消夏湾，说：“洞庭西山之址消夏湾，为荷花最深处，夏末舒华，燦若锦绣，游人放棹纳凉，花香云影，皓月澄波，往往留梦湾中，越宿而归。”历代名人题咏消夏湾的诗很多，如白居易、皮日休、陆龟蒙、王鏊、洪亮吉、姚承绪、袁景澜、金松岑等。我喜欢吟读的是范成大和高启的两首绝句。

范成大《消夏湾》：

蓼矶枫渚故离宫，一曲清涟九里风。
纵有暑光无着处，青山环水水浮空。

高启《消夏湾》：

凉生白苎水云空，湖上曾开避暑宫。
清簟疏帘人去后，渔舟占尽柳阴风。

石湖诗题下注：“吴王避暑处，平湖循山，一湾云水绝胜。”范成大《吴郡志》卷十八：“消夏湾，在太湖洞庭西山之趾山，十余里绕之。旧传吴王避暑处，周围湖水一湾，水色澄彻，寒光逼人，真可消夏也。”前两句写景，吴王于消夏湾筑消暑宫，故曰“离宫”，周边的石矶上满生蓼草，沙渚上有枫树，一湾清水，涟漪粼波，送来习习凉风，因为湾长九里，故云“九里风”。第三句转笔处，用假设句发议论，说纵有炎气暑光，在这里也没有着落的地方。第四句如果仍用议论，便不是好诗，诗人却用景语收结，消夏湾山水清幽、水天一色、水树涵空的境界全被托出，而“消夏”的诗意被蕴含在清新、阔远的景物描写之中，没有说出，也不必说出。

高启（1336—1374），字季迪，号青丘子，长洲（今江苏苏州）人，明洪武初，召修《元史》，授笔修，擢户部侍郎，辞归，后坐事被腰斩。启天才高逸，笔健辞秀，工诗，与张羽、徐贲、杨基并称“吴中四杰”，其诗实居有明一代诗人之上。有《高青丘集》。青丘诗与石湖诗的构思相仿佛，也是前两句从写景着笔，说消夏湾的白苎地里送出凉风，烟波浩渺，水云空阔，湖边上曾建造过吴王的避暑宫。第三句转笔，承上启下，说避暑宫的清簟已空，疏帘已卷，人都离去，而消夏湾从柳荫里吹来的清风，被当地的渔舟和渔舟上的渔民占尽、独享。两句诗暗地实现时空转换，发出深沉的历史感叹。同是消夏湾，吴王称霸时，黎庶就无法享用其清风，正如史弱翁《消夏湾》所咏：“洞庭真人居，翠岫多清风。吴王使霸气，避暑此离宫。”现在吴王已经仙去，“渔舟”可以占尽柳阴风，黎民百姓包括外地游客的舟船也可以享用消夏湾的清风。本诗也以景结情，虚实相生，在景物的描写中寄寓着诗人的情绪和感叹，创造出含蓄不尽的诗境。

这两首诗，都没有直白地说出“消夏还消忧”，“不独清凉还消夏”，也没有直白地说出古今变化，却让题旨藏于诗境里，人们在欣赏消夏湾景色的自然美中，不知不觉地领悟到诗人的匠心，意在言外，耐人寻味。这便是我喜爱这两首诗的真正原因。

红香清芬　相洋荷中

苏州是水乡，乡民多于低洼下田种植莲藕，自然也盛产荷花。旧时葑门外二里许有“荷花荡”，东南接黄天荡。袁景澜《吴郡岁华纪丽》卷六：“（荷花荡）其地皆洼下田，不能艺禾黍，弥望渍衍，无高堤、桥梁、亭观。土人植荷为生息，花年年盛一方，见惯不鲜，行舟过无采。”郡人于六月二十四日荷花生日，又曰观荷节，倾城而出，至荷花荡观赏荷花。徐崧、张大纯《百城烟水》卷一：“六月二十四日，画船箫鼓竞于荷花荡，观荷纳凉。”沈朝初《忆江南》词云：“苏州好，廿四赏荷花。黄石彩桥停画鹢，水晶冰窨劈西瓜。痛饮对流霞。”注：“六月廿四日为荷花生日，游人都至葑溪，溪傍置冰窖，盛暑不热。”张岱《葑门荷宕》：“天启壬戌六月二十四日，偶至苏州，见士女倾城而出，毕集于葑门外之荷花荡。楼船画舫至鱼艣小艇，雇觅一空。”清人张远作《南歌子·癸亥六月廿四日游荷花荡同松之药亭两先生分赋》：

六月今将尽，荷花分外清。说将故事与郎听，道是荷花生日要行行。　　粉腻乌云浸，珠匀细葛轻。手遮西日听弹筝，买得残花归去笑盈盈。

张远（1648—1717），字超然，福建侯官人，旅居常熟，久困场屋。有诗名，与朱彝尊、查慎行唱和。晚年领乡荐第一，任云南之禄丰令，卒于任所。著有《无闷堂诗集》。荷花生日，张远与友人同游荷花荡，雅兴勃发，乃作词记其盛。前阕开端两句就题写，写出今朝荷香格外清幽，三、四句补出游赏的缘果。“故事”，援引前人的说法。顾禄《清嘉录》卷六说：“是日，又为荷花生日。旧俗，画船箫鼓，竞于葑门外荷花荡，观荷纳凉。”荷花生日，他书缺少记载，汪灏《广群芳谱》引《致虚杂俎》云：“六月廿有四日，谢文君独处无侣，命沈君攸制采莲之曲，以

吴湖帆《荷花图》

解其悲愁之思，援笔立就，曰：……谢赞叹久之。”沈君攸，吴兴人，卒于后梁明帝天保十二年(573)。据此可知吴人关于荷花生日的说法，其来已久。清代吴江人郭麐有《荷花生日词》四首，其三云：“众香国里无去来，不向百花生日生。”

后阕，描写赏花仕女与荷花相映，格外美丽，她们梳妆打扮，头发乌黑，发鬓匀称地插满珠子，穿着细葛轻衫，用手遮挡斜阳，静心听弹鸣筝，买得开残的荷花，笑盈盈地归去，其意趣与邵长蘅《冶游》“六月荷花荡，轻桡浮兰塘。花娇映红玉，语笑熏风香”相仿佛。整首词运用极为通俗的语言，极为轻快的语气，写出苏州葑门外荷花荡赏荷的情景。词虽不甚佳，然读后犹能想见当时之盛况，给人以美感享受。

苏州夏日赏荷的地方，还有虎丘山浜、西山消夏湾。袁景澜《吴郡岁华纪丽》卷六：“今世异时移，游客皆舣舟虎丘山浜，以应观荷佳节。”顾禄《清嘉录》卷六：“洞庭西山之址消夏湾，为荷花最深处，夏末舒华，皓月澄波，往往留梦湾中，越宿不归。”吴人赏荷习俗，是一种高雅的活动，所以流传至今日，长盛不衰。现在赏荷的地方越来越多，除上述景点外，诸如拙政园、东园、太湖湿地公园、“荷塘月色”等，都是赏荷的好地方。夏日来临，让我们漫步在荷花池畔，徜徉在红香清芬之中，在广阔的诗意空间里，尽情地领受大自然赐予我们的美感享受吧！

七夕佳节　乞巧斗巧

中国有一个古老而美丽的神话传说，家喻户晓，长久传颂。故事说：天帝有个女儿善织，居住在天河之东，辛勤编织天衣云锦，无暇修饰容貌。天帝爱怜她，将她许嫁给居住在天河之西的牛郎。织女嫁后荒废织纴，天帝大怒，责令她归居河东，只许每年七月七日与牛郎相会，这一天晚上，群鹊衔接搭成桥，渡织女过天河与牛郎相会。这个故事是逐步完善的。汉《古诗十九首》："迢迢牵牛星，皎皎河汉女。纤纤擢素手，札札弄机杼。终日不成章，泣涕零如雨。河汉清且浅，相去复几许。盈盈一水间，脉脉不得语。"仅仅说牛女二星被天河阻隔。东汉应劭《风俗通义》："织女七夕当渡河，使鹊为桥。"（佚文，《吴郡岁华纪丽》卷三引）则讲到了织女通过鹊桥渡河与牵牛星相会。《文选》曹植《洛神赋》有"咏牵牛之独处"句，李善注引曹植《九咏》注："牵牛为夫，织女为妇，织女牵牛之星，各处河鼓之旁，七月七日，乃得一会。"这里开始说到牛郎织女为夫妇。梁吴均《续齐谐记》记载桂阳成武丁忽谓其弟曰："七月七日，织女当渡河，诸仙悉还宫，吾向已被召，不得停，与尔别矣。""至今云：织女嫁牵牛。"殷芸《小说》："天河之东有织女，天帝之子也。年年机杼劳役，织成云锦天衣，容貌不暇整。帝怜其独处，许嫁河西牵牛郎，嫁后遂废织纴。天帝怒，责令归河东，但使一年一度相会。"（《月令广义》引）至此，牛郎织女七夕相会的民间故事，遂为定型。

后代诗人每逢七夕，都会以牛女故事为内容，写诗咏歌之。唐权德舆《七夕》："今夕云軿渡鹊桥，应非脉脉与迢迢。"赵璜《七夕》："乌鹊桥头双扇开，年年一度过河来。莫嫌天上稀相见，犹胜人间去不回。"而宋人秦观写的《鹊桥仙》词，最为脍炙人口，词云：

纤云弄巧，飞星传恨，银汉迢迢暗度。金风玉露一相逢，便胜却人间无数。

柔情似水，佳期如梦，忍顾鹊桥归路。两情若是久长时，又岂在朝朝暮暮。

全词含蓄蕴藉，婉曲精警，热情歌颂、赞美牛女坚贞的爱情。煞尾“两情若是久长时，又岂在朝朝暮暮”情韵深致，将牛女的情爱提升到纯洁高尚的美学境界，是七夕的颂歌，更是牛女的赞美诗。

我们苏州在七夕那天，有什么特别的风俗呢？

沈朝初的《忆江南》写得好：

苏州好，乞巧望双星。果切云盘堆玉缕，针抛金井汲银瓶。夜月挂疏棂。

沈朝初（1650—1703），字洪生，号东田，吴县（今江苏苏州）人。康熙十八年（1679）进士，授翰林院编修，官侍读学士。工诗文，有《不遮山阁稿》、《忆江南词》。

沈词首先切入苏州人礼拜牛女双星以乞巧的主题。据徐崧、张大纯《百城烟水》卷一记载：“七月七日为乞巧会，罗拜月下，饾果皆曰巧，如巧饼、巧果之类。”顾禄《清嘉录》卷七也说：“至是（七夕那天），或偕花果，陈香蜡于庭或露台之上，礼拜双星以乞巧。”“吴中旧俗，七夕，陈瓜果，焚香于庭。”沈词称“望双星”，表现大家望银河而遐想牛女相会的欢乐情景，也有祈求织女星赐给女孩儿灵巧手艺的意思。第三句，描写盘中堆砌着瓜果和巧果。吴地风

陈枚《桐荫乞巧图》

俗，七夕前，市上卖巧果，以面粉和糖蜜，绾作苧结的形状，洒上芝蔴，油氽令脆，名为“巧果”。第四句写“**⿱丢石**巧”，此句意谓用银瓶（汲水器）从金井中汲取井水，经太阳晒照后，水面有膜，将针抛在水面上，以乞巧，吴人称为“**⿱丢石**巧”。顾禄《清嘉录》卷七云：“七日前夕，以杯盛鸳鸯水，掬和露中庭，天明日出晒之，徐俟膜生面，各拈小针，投之使浮，因视水底针影之所似，以验智鲁，谓之**⿱丢石**巧。”袁景澜《七夕卜巧词》说：“投针巧验鸳鸯水，绣阁秋风又一年。”沈词中说“针抛”，袁诗中说“投针”，都是说将针抛在水面上。吴语称抛物曰“**⿱丢石**”，音笃，《广韵》曰“冬毒切”，《集韵》曰“都毒切”，这在吴人口语中习以为常。尾句写景，七夕时月未圆，故曰“新月”，月照雕饰过的窗棂，很美，正是乞巧时的景色。“疏”，此处不是“稀疏”的意思，作雕饰讲。

沈朝初词全面地描写了苏州“七夕”的风俗，言简意明，将旧时苏州的民俗风情，原汁原味地呈现在大家眼前。

丹桂飘香　银蟾光满

农历八月十五日为中秋节。宋人吴自牧《梦粱录》卷四："八月十五日中秋节，此日为三秋恰半，故谓之中秋。"这一天，全国各地都有丰富多彩的节日活动。

苏州人也看重中秋节，俗呼为"八月半"。顾禄《清嘉录》卷八"八月半"条云："中秋俗呼八月半，是夕，人家各有宴会，以酬佳节。"这一天，最重要的节令食品，自然是月饼。月饼，以圆月称饼，袁景澜说："巧出饼师心，貌得婵娟月。"（《咏月饼》）苏式月饼很有特色，糖重油多，层酥相叠，酥软可口，饼馅有鲜肉、火腿、玫瑰、枣泥、椒盐、百果等，近时还新推出椰蓉、双黄莲蓉等饼馅，苏地月饼原以采芝斋、稻香村等老字号食品店最负盛名，近年来，"长发月饼"也打入市场，颇受百姓欢迎。袁景澜《吴郡岁华纪丽》卷八"月饼"条记载比较详尽："中秋节物，以月饼为先，市廛卖饼之家，名茶食店。大小形制不一，以糖和粉面为之。其馅有豆沙、玫瑰、蔗霜、百果各种，人家争相置买，馈贻亲戚。十五夜，则偕瓜果，以供祭月筵前。形象团圞，取人月双圆之意。"这里还提到了"斋月宫"的习俗，吴人于中秋夜，设炉香灯烛，供月饼莲藕、瓜果菱芡，焚香斗，儿女膜拜月下。蔡云《吴歈》："月饼登筵作净供，黄昏便望月升东。佳人准备走月亮，稚子安排斋月宫。"自注："妇女乘夜至亲戚家，谓之'走月亮'，以瓜果月饼礼月谓之'斋月宫'。"不过，近年来，"斋月亮"的习俗渐渐消歇，不常能见到。

吴地还有中秋夜"走月亮"的风俗，蔡云《吴歈》咏此事：

木樨球压鬓云香，三五邻家姊妹行。
夜冷不嫌罗袖薄，路遥翻恨绣裙长。

这首绝句是蔡云《吴歈百绝》中描写吴地民俗风情中比较精彩的

一首，诗从女子头饰切入，“木樨”，桂花，农历中秋正是桂花盛开的时候，妇女们采花缀成球，插在鬓发边，连头发都散发出香味。次句写她们的行动，三五成群，结队而行，都是邻家姊妹。三、四句转而写她们深细的心理活动，“夜冷”，夜深天凉。她们游兴正浓，所以不嫌罗袖单薄，反而怨恨绣裙过长，妨碍着行走。诗句没有拘泥于节物描写，都将笔墨化在妇女“走月亮”时的内心感受上，显得很有思致。蔡云的诗意，与袁景澜《吴郡岁华纪丽》卷八的描写完全一致：“中秋夕，妇女盛妆出游，携榼胜地，联袂踏歌。里门夜开，比邻同巷，互相往来。有终年不相顾问，而此夕款门赏月，陈设月饼、菱芡，延坐烹茶，欢然笑语；或有随喜尼庵，看焚香斗。香烟氤氲，杂以人影。街衢似水，凉沐金波。虽静巷幽坊，亦行踪不绝。逮鸡声唱晓，犹婆娑忘寐，谓之走月亮。”这段文意，写尽吴人中秋赏月“走月亮”的盛况。

吴俗中秋夜要以“虎丘听歌”，最为吴中胜会韵事。明人袁宏道《虎丘听歌记》曾对这个民俗作过详细的描述：

虎丘去城七八里。其山无高岩邃壑，独以近城，故楼船箫鼓，无月无之。凡月之夜，花之晨，雪之夕，游人往来，纷错如织，而中秋为尤胜。每至是日，倾城阖户，联臂而至。衣冠士女，下逮蔀屋，莫不靓妆丽服，重茵叠席，置酒交衢间。从千人石至山门，栉比如鳞，檀板丘积，樽罍云泻，远而望之，若雁落平沙，霞铺江上，雷辊电霍，无得而状。布席之初，讴者百千，分曹部署，竞以新艳相角；雅俗既陈，妍媸自别。未几而摇手顿足者，得数十人而已。已而明月浮空，石光如练，一切瓦釜，寂然停声，属而和者，才三四辈；一箫，一寸管，一人缓板而歌，竹肉相发，清声亮彻，听者魂消。比至夜深，月影横斜，荇藻凌乱，则箫板亦不复用，一夫登场，四座屏息，音若细发，响彻云际，每度一字，几尽一刻，飞鸟为之徘徊，壮士闻而下泪矣。

诗人们也纷纷吟唱，描述“虎丘听歌”的景境。邵长蘅《冶游》诗云：“中秋千人石，听歌细如发。”袁景澜《虎丘玩月歌》：“士女倾城出夜游，千人石畔赌清讴。”俞玚《虎丘中秋》：“烟华敛尽月华明，新歌呖呖花间莺。其时月转露气清，飞鸟绕树不敢鸣。行人堕尽思乡泪，壮士悲同变徵声。”天上明月高照，虎丘万人云集，丹桂飘香，银蟾光满，耳听清讴，赏月玩月，笙歌彻夜，吴人真不辜负造物主赐予的良辰美景！

吴山登高 喜食花糕

王维《九月九日忆山东兄弟》:"独在异乡为异客,每逢佳节倍思亲。遥知兄弟登高处,遍插茱萸少一人。"这首万口流传的绝句诗,写重阳节兄弟登高相忆,至情流露,真切感人。

相传九月九日重阳节人们登高是为避难,吴均《续齐谐记》:"(费)长房谓曰:'九月九日,汝家中当有灾,宜急去,全家人各作绛囊盛茱萸,以系臂,登高饮菊花酒,此祸可除。'(桓)景如言,齐家登山,夕还,鸡犬牛羊一时暴死。"相传后代的登高饮酒、佩茱萸始于此。又说重阳节饮菊花酒,佩茱萸,可以令人长寿。宗懔《荆楚岁时记》:"九月九日,四民并籍野饮宴,佩茱萸,食饵,饮菊花酒,令人长寿。"在我们的诗歌创作中,还常用孟嘉重九登高落帽的典故,唐人戎昱《九日贾明府见访》:"却笑孟嘉吹帽落,登高何必上龙山。"故事出在《世说新语·识鉴》刘孝标注引《孟嘉别传》中,云:"九月九日,(桓)温游龙山,参寮毕集,时佐史并着戎服,风吹嘉帽堕地,温戒左右勿言,以观其举止。嘉初不觉,良久如厕,命取还之。"孟嘉帽被吹落,全然不知,表示游兴酣畅之意。

苏州也有重九登高的习俗。吴人重九日登吴山治平寺,或游虎丘,画船箫鼓,鸣筝奏乐,绮席琼尊,山珍海味,饮酒酩酊,极尽遨游之乐,至更深乃归。袁景澜《吴郡岁华纪丽》卷九:"吴中登高旧俗,在吴山治平寺中,牵羊赌彩,为摊钱之戏。今吴山顶机王殿犹有鼓乐酬神,城中织机为业者,俱舍业出游于此。喧阗日夕,或借登高之名,遨游虎阜,箫鼓画船,更深乃返。"顾禄《清嘉录》卷九亦有相似的记载。申时行的《吴山行》(诗载顾禄《清嘉录》)详述此节日之盛况:

九月九日风色嘉,吴山胜事俗相夸。
阖闾城中十万户,争门出郭纷如麻。

拍手齐歌太平曲，满头争插茱萸花。

横塘迤逦通茶磨，石湖荡漾绕楞伽。

兰桡桂楫千艘集，绮席瑶尊百味赊。

玉勒联翩过羽骑，青帘络绎过香车。

飘缨挟弹谁家子，跕屐鸣筝何处娃。

不惜钩衣穿薜荔，宁辞折屐破烟霞。

万钱决赌争肥羜，百步超骧逐帝騧。

诗人这首歌行体诗，以通俗易懂的语言，顺畅通达的笔调，描写苏州九月九日登高的风俗。“吴山胜事”，即指吴山登高事。张大纯《吴中时序篇》：“百盘吴岭，登山快落帽之风。”句下自注：“由治平寺而上，即吴山岭，游人于此登高。”“满头”句，即簪花的风俗，惠周惕《九日吴山即事》诗云：“斜阳细节吴山路，低帽簪花看赌羊。”所簪之花即是茱萸花。“万钱”句，描写赌羊的风俗。沈朝初《忆江南》：“吴山脱帽喜牵羊”，句下自注：“吴山九日登高，牵羊戏博，俗呼扑羊。”张大纯《吴中时序篇》：“九日治平，联袂赴博羊之会。”自注：“是日，寺前陈诸玩物，游人竞牵羊赌胜负，名为博羊会。”“羜”，羊的一种，这里该用仄声字，羊为平声，故改用“羜”字。“帝騧”，代指骏马，“騧”即卷毛騧，唐太宗李世民的战马，为叶韵，才选用这个不常见的词语。由此可以看出明清时代尚有竞马的游戏。

苏州重阳节还有食糕的风俗，俗称“重阳糕”、“花糕”。“糕”谐音“高”，寓有高高兴兴的意思，也有“高升”之意。范成大《吴郡志》卷二：“重九以菊花、茱萸尝新酒，食栗、粽、花糕。”袁景澜《吴郡岁华记丽》卷九：“吴俗九日制米粉五色糕，名重阳糕，一名骆驼蹄，亦名菊花糕。以糖麦杂和为之，面种枣栗星星然，曰花糕。糕肆标纸彩旗，曰花糕旗。父母家必迎女归安，食花糕。”蔡云《吴歈》：“蒸出枣糕满店香，依然风雨古重阳。”谢肇淛《五杂俎》引吕公忌云：“九日天明时，以片糕搭儿女夹额，更祝曰：‘愿儿百事俱高。’此古人九日作糕之意。”吕氏的话，可以反映出各地民俗重阳食糕以祝福儿女的本意。

吴地重阳节俗传承至今，仍然很兴盛。赌羊的风气，早已消失。登高有健身的意义，很受大家欢迎。吃重阳糕，富祝颂之意，亲友们互相馈赠，成为著名的节令食品。特别是苏州黄天源糕团店，素享盛誉，大家一定要买一盒尝尝。

熬煮腊八粥　送节日祝福

农历十二月初八日，各地民俗都要熬煮“腊八粥”，分赠亲友，更有寺院煮“腊八粥”馈赠民众，称为“佛粥”。腊八节，也就成为传统的节日。

“腊”，本是古代祭祀的名称。《左传·僖公元年》：“虞不腊矣。”杜预注：“腊，岁终祭神之名。”梁代宗懔《荆楚岁时记》：“十二月八日为腊日。”《新唐书·历志》：“十二月为腊月，故初八日为腊八。”佛教传入中国后，因佛祖释迦牟尼于十二月八日成道，寺院于此日煮“腊八粥”。吴自牧《梦粱录》卷六：“十二月八日，寺院谓之‘腊八’，大刹等寺，俱设五味粥，名曰腊八粥。”孟元老《东京梦华录》：“十二月初八日，诸佛寺送七宝五味粥于门徒斗饮，谓之腊八粥。”南宋周密《武林旧事》云：“寺院及人家，皆有腊八粥，用胡桃、松子、乳蕈、柿、栗之类为之。”以上这些都是全国性的关于腊八粥的记载。

我们苏州也有煮“腊八粥”的风俗。袁景澜《吴郡岁华纪丽》卷十二“腊八粥”条云：“僧寺以乳蕈、胡桃、百合等，造五味粥，一名七宝粥，亦名佛粥，俗谓之腊八粥。馈送门徒，以矜节物。居民或以菜果杂煮，和以莲实枣栗，以多为胜，香闻翠釜，白泛甆瓯。”顾禄《清嘉录》亦有相似的记载。

袁景澜的《腊八粥》诗，细致生动地描写了清代苏州这种节日民俗的盛况：

岁事何峥嵘，星纪忽已匝。
林间粥鼓喧，江乡祠汉腊。
旧俗东京遗，设供西竺法。
溉釜精作糜，燎薪无用腊。

调和七宝珍，淅米计升合。

馈遗喧戚里，僧厨散盘榼。

原诗过长，这里选录前段十二句。开端六句，点出岁末时节煮腊八粥。在清代，旧时东京开封的制粥法，已经失传，现在用的是佛国天竺传来的煮法，吴曼云《腊八粥》云："双弓学得僧厨法"，即指此法。诗里提到寺院施粥时，要击鼓，很有趣，这种习俗现代还存在。"溉釜精作糜"以下四句，描写煮粥的食材。"七宝珍"，指当时煮粥的食材，要加七种果品。《吴郡岁华纪丽》说寺院造五味粥，或煮七宝粥，可见食材是不一样的，大致有乳蕈、胡桃、百合、莲实、枣子、栗子等。民间煮粥，可以根据各地食材之不同，各家条件之不同，随意增加或减少，但"以多为胜"。到现代，随着物质条件的日益提高，"腊八粥"的食材不断增多，多至十八种，如白糯米、鸭血糯、粳米、黄豆、黑豆、花生、赤豆、松仁、枸杞、蜜枣、红枣、桂圆、莲子、荔枝干、核桃仁等，熬煮成粥，营养丰富，香甜可口。

诗的最后两句，分别写到熬煮腊八粥的二种人群。一方面，是普通老百姓，"馈遗喧戚里"，他们煮成粥后，馈赠亲戚、邻里，亲切热闹，一派祥和的气氛。《清嘉录》卷十二说："八日为腊八，居民以菜果入米煮粥，谓之'腊八粥'。"吴曼云《江乡节物词》小序说："腊八粥，一名七宝粥，本僧家斋供，今则居室者亦为之矣。"时至现代，除了居民自己煮粥以外，街道社区也发起腊八送粥的活动，为辖区的孤寡、残废老人送上腊八粥，使他们能吃上一碗热乎乎的、香甜可口的软糯米粥。

另一方面，是寺院僧人，"僧厨散盘榼"，僧人煮成粥后，分盛盘榼，赠给民众，作功德，行好事。《清嘉录》卷十二："或有馈自僧尼者，名曰'佛粥'。"李福《腊八粥》诗云："腊月八日粥，传自梵王国。七宝美调和，五味香糁入。用以供伊蒲，藉之作功德。僧尼多好事，踵事争华饰。""吾佛好施舍，君子贵周急。"苏州著名大

领取腊八粥

刹开元寺、瑞光寺、寒山寺、西园寺等，每年十二月初八日都敞开大门散发腊八粥，体现佛门慈悲施舍的心愿。据2009年苏州诸报报道，寒山寺当天共煮一万公斤食料的腊八粥，西园寺煮一万份腊八粥，可见受惠者之众多。民众纷纷拎着器具，很早就到佛寺等候取粥，最早的领粥人在凌晨3时就到达了。有的民众自己家里不煮，特意到寺院去领取腊八粥，希望能得到佛祖的保佑。

喝“腊八粥”的习俗，传承至今，兴盛不衰。不管是亲友送来的，还是到佛寺领取的，大家喝着热腾味美的腊八粥，甜在口里，暖在心头，得到的是温馨甜蜜的节日问候，平安吉祥的美好祝福。

喜写春联　祝颂吉祥

王安石《元日》诗："爆竹声中一岁除，春风送暖入屠苏。千门万户曈曈日，总把新桃换旧符。"脍炙人口，但诗写的是北方民俗。

苏州人喜在农历岁末时书写、张贴春联，除夕前一二十天，渐次粘挂，千门万户，焕然一新。顾禄《清嘉录》卷十二"春联"条云："居人更换春帖，曰春联。先除夕一二十日，塾师与学书儿书写以卖，榜于门曰春联处。多写千金百顺、宜春迪吉、一财二喜及家声世泽等语为门联。"春联，运用诗歌中对偶的技巧，写成喜庆吉祥的联语，"书扉吉字写平定"（袁景澜《除夕即事》诗句），迎新春，迎新岁，表达屋主人在新的一年里的美好愿望。

我们苏州诗人笔下描写贴春联风俗的诗很多，如唐寅《岁朝》："海日团团生紫烟，门联处处揭红笺。"文徵明《元旦即事》："桃符日历年年事，一度相看一度新。"周宗泰的《姑苏竹枝词》写得很生动：

学字儿童弄笔勤，春联副副卖斯文。
人来问价增三倍，不使鹅群笼右军。

春联，实桃符之遗意。唐代人还只是书写诗歌或吉语于红纸或彩笺上，贴于门楣以迎春，如张子容《除日》："贴牖作春书。"韦庄《立春》："殷勤为作宜春曲，题向花笺贴绣楣。"描写用红纸、花笺书写诗歌、吉语贴于窗和门上的习俗。五代后蜀时，开始在桃符上书写联语，《蜀梼杌》记载："孟昶（后蜀主，孟知祥第三子）自题桃符板，云：'新年纳余庆，嘉节号长春'。"这就是一副很工整华美的春联，所以后代称春联为桃符。宋以后承之，宋人黄谦之有题在桃符上的一副对联："宜人新年怎生呵，百事大吉那般者。"（周密《癸辛杂识》载）明清时，书、贴春联之风，盛极一时。《簪云楼杂记》认为"春联之设，昉自明孝陵”，这是不符合实际的。周宗泰的这首诗，描绘一幅苏州岁暮社会风俗图，在市肆屋檐下，学书儿童忙碌书写红纸，摊上摆满一副副春联。他们看到有人来问价购买，便增价三倍，不让王羲之笼鹅群归去。“右军”，即王羲之，这里用了一则有关他的典故。《晋书·王羲之传》：“山阴一道士，养好鹅，羲之往观焉，意甚悦，固求市之。道士云：‘为写《道德经》，当举群相赠耳。’羲之欣然写毕，笼鹅西归，甚以为乐。”本诗反其意而用之，说学书儿童很珍视自己的书法，不肯随便卖出，所以说不让王羲之将书法换取鹅群。诗虽短小，写得很风趣，学书儿童认真的态度、调皮的性格，栩栩如生，与《清嘉录》的记载也相吻合。

春联是老百姓喜闻乐见、雅俗共赏的文学样式，也反映出屋主人的身份、文化素养和审美情趣。有的春联，用诗文中的成语写成，比较典雅，如“聿修厥德，长发其祥”，是用《诗经》语写成；“物华天宝日，人杰地灵时”，是用王勃《滕王阁序》语写成。还有用唐宋人诗写成的春联，如“天恩春浩荡，久治日光华”，“向阳门第春长在，积善人家庆有余”。所以，吴孟举《春联》诗云：“家家传写盛唐诗”，说的是集盛唐人的诗句组成春联。有的春联，用俗语写成，如：“放千枝爆竹，把穷鬼哄开；烧三炷高香，将财神接进。”（见黄协埙《锄经书舍零墨》卷二）又如“天增岁月人增寿，春满乾坤福满门”，“年丰人寿，国泰民安”。春联文字，各随主便，自然形成雅俗共赏的特征。总之，贴春联的民俗，更多的是渲染年岁的喜庆气氛，祝颂吉祥，表达新岁的愿望，诚如清代诗人《春联》诗所云：“制仿宜春帖，排门吉语多。丰年资颂祷，民气验康和。”

我国古代许多民俗，逐渐被历史所淘汰，自然消亡，而写贴春联的优良传统，一直传承到今天，并与现代精神文明相融合，成为苏城岁暮时分一道亮丽的风景线。随着人们文化素养的高扬，自撰春联的风气很盛，大家自备红纸、笔墨，自撰联语，自己题写，已是普遍现象。也可以在商场里购买现成的、印制好的春联，比较方便。还有诗人预拟好若干副春联，发表在报刊上，供大家选用。更有相关部门组织书法家下乡为农民、进社区为居民书写春联，或举办春联义卖，以所得款项捐赠希望小学或慈善机构，体现出新时代的新风尚。

愿写贴春联的习俗，世世代代传承下去，为苏城岁暮送来温馨、光彩和希望。

合家团圆　共进晚宴

进入农历十二月下旬，华夏大地上会出现一次人口大流动，远离家乡的人，分别乘坐铁道、公路、水运、航空的交通工具，纷纷回家探亲过春节，合家团聚，欢欢喜喜吃上一顿年夜饭。这不是一个普通的民俗，我们透过“人流”的涌动，从一个“聚”字上，可以看到华夏民族笃重亲情的伦理道德，更看到我们民族惊人的凝聚力。

吴人毫不例外地重视亲情，崇尚“吃年夜饭”这个习俗。专门记载吴地习俗礼尚的顾禄《清嘉录》，在第十二卷内专辟一节“年夜饭”，还配以“安乐菜”、“暖锅”、“压岁盘”、“辞年”、“守岁”、“守岁烛”等文字，详细描述了吴地“除夕”的民俗风情，极有意趣。

“年夜饭”一节云：

除夕，家庭举宴，长幼咸集，多作吉利语，名曰年夜饭，俗呼合家欢。周宗泰《姑苏竹枝词》云：妻孥一室话团圞，鱼肉瓜茄杂果盘。下筋频教听谶语，家家家里合家欢。

康熙年间的苏州人褚人获早在他的笔记小说《坚瓠集》里说过：“除夕，家庭举宴，长幼咸集，谓之合家欢。”可见，顾禄的文字，全从褚人获书中来。所引周宗泰的诗，通俗易懂，诗人说，桌上摆满鱼肉、瓜蔬和果盘，妻子儿女欢聚一堂，共话团圆，席间频频说些吉利的话，互相祝福，家家人家合家欢聚。“谶语”，预言吉凶的话语，这里偏指预言吉利的话，即“吉谶”。苏州人年夜饭中的各色菜肴，都有着吉祥的寓意，以“讨口彩”，如“肉圆”象征合家团团圆圆；“蛋饺”色黄，形似元宝，有招财进宝之寓意。上菜有鱼，表示年年有余。青菜叫长命菜，黄豆芽叫如意菜，又以风干的茄子煮成菜，因茄子又名“落苏”，吴语“落”、“乐”同音，取安乐之意。这些菜，在吃年夜饭时是必吃的，家人频频举箸，夹菜相劝，随口说出许多吉利话。这正如周宗泰诗里“下箸频教听谶语”所描写的那样。周宗泰的诗并不佳，却能真实地描写出古代苏州人吃年夜饭、守岁的欢乐情景。

明代苏州诗画名家文徵明写过一首《乙卯除夕》，写得极好，值得推荐给大家读一读。诗云：

糕果登盘酒荐椒，笑歌聊用永今宵。
老亲自喜还家健，幼女仍夸学语娇。
终岁悲欢言莫尽，一灯团聚福难消。
桃符日历年年好，不谓青春却暗凋。

乙卯，明孝宗弘治八年（1495），文徵明二十六岁。诗的首联先简单描述年夜饭的酒食，次句便转写抒情成分，说姑且用笑歌来度过今宵，欢歌笑语，充盈一室。“笑歌”一语，早见于宋人袁文的《甕牖闲评》：“父子团圆，把酒笑歌，相与竟夕不眠，正人家所乐为也。”颔联以一老一小为代表，刻画除夕夜亲人的心态和情思。“老亲”，指诗人的父亲文林，他原在外地任职，前两年因病归家，今年病已痊愈，故云“自喜还家健”。“幼女”，指诗人的长女，正在牙牙学语，娇气可爱，惹得大人们连连夸说。颈联表达合家欢聚的生活感受，一年来悲欢的往事说不完，今夜灯下团聚，叙天伦之乐，欢快幸福。本诗中间两联，属对工整，“老亲”对“幼女”，“还家健”对“学语娇”，“终岁”对“一灯”，“言莫尽”对“福难消”，对得很妥帖。全诗语言雅洁，表明文徵明确是写作律体诗的老手，难怪他的诗集里律诗特别多，占着整个诗歌创作中很大的份额。尾联以节物桃符、日历收结，写出自己辞旧迎新的情怀，诗人看着红红的春联、崭新的日历，当然很快乐，但是想到年华易逝，自己又长了一岁，不免又有点怅然。他的这一番感慨，与范成大的“增年翻是减吾年”（《分岁词》）的诗意，十分相似。文徵明能在描写岁时习俗的同时，重点抒写自己辞旧迎新的真情实感，情真意切，所以说这才是真正的好诗。

历史老人是最公正的裁判员。岁时风俗中，那些不健康的、不合时宜的陋习，如十二月的“跳灶王”、“二十四夜送灶”、“画米囤”、“接玉皇”、“听响卜”等，随着时光的流逝，逐渐被淘汰，被人淡忘、遗弃。而那些积淀深厚人文精神、极富人情

味的风俗习惯，则被人们世代传承着，还被注入现代的生活内容，将传统文化融入现代文明里。

年年吃年夜饭，家家庆合家欢，祝愿人们永远生活得吉祥幸福。

图书在版编目(CIP)数据

诗画苏州/吴企明著. —苏州:苏州大学出版社,2014.5

ISBN 978-7-5672-0355-6

Ⅰ.①诗… Ⅱ.①吴… Ⅲ.①诗集—中国—当代②苏州市—概况 Ⅳ.①I227②K925.33

中国版本图书馆 CIP 数据核字(2013)第 318137 号

书　　名: 诗画苏州

主　　编: 陈　嵘　张建初

著　　者: 吴企明

策　　划: 王晓丹

责任编辑: 王晓丹

装帧设计: 吴　钰

出版发行: 苏州大学出版社(Soochow University Press)

出 版 人: 张建初

社　　址: 苏州市十梓街 1 号　邮编:215006

印　　刷: 苏州工业园区美柯乐制版印务有限责任公司印装

网　　址: www.sudapress.com

E-mail　:Liuwang@suda.edu.cn　　QQ:64826224

邮购热线: 0512-67480030

销售热线: 0512-65225020

开　　本: 787 mm×960 mm　1/16　印张:13.5　字数:140 千

版　　次: 2014 年 5 月第 1 版

印　　次: 2014 年 5 月第 1 次印刷

书　　号: ISBN 978-7-5672-0355-6

定　　价: 39.00 元